김괜저   김괜저는 안양에 살며 사진, 글, 디자인 등을 생산하는
사람이다. 주로 걷거나 먹거나 영화를 보거나
트위터 또는 인스타그램에 있다.
블로그 〈괜스레 저렇게〉를 운영한다. 텀블벅에서 일한다.
재미있는 일이 있으면 가리지 않고 하려고 노력한다.
재미있는 일은 언젠가 완전히 동이 날지도 모르기 때문이다.
그런 일을 알고 계시면 이메일을 주시면 좋겠다.

KB026585

연애와 술
Relationship and Drinks

—

김괜저

시간의흐름。

누구랑 같이 있기 싫은 이유는 그렇게 많으면서
정작 혼자 있고 싶은 이유는 없는 것 같구나.

스티븐 손드하임, 〈컴퍼니〉

차례

핑클을 좋아한다

나는

부영초 3학년 2반에 핑클을 좋아하는 애가 총 다섯 명 있다. 다 남자애들이다. 여자애들은 H.O.T를 좋아한다. 핑클을 좋아하는 남자애 다섯 명 중 두 명은 성유리를 좋아하고, 한 명은 이진을 좋아한다.

나와 동준이는 이효리를 좋아한다. 동준이와 나는 쉬는 시간에 내 핑클 책받침을 보면서 이효리 얘기를 한다. 나는 동준이와 이효리 얘기하는 것을 좋아한다.

나는 사실 옥주현을 좋아한다. 옥주현은 노래를 잘한다. 〈블루레인〉이나 〈루비〉 후렴은 거의 옥주현이 혼자 부른다. 옥주현은 키도 크고 성격도 화끈하다. 직접 만나본 적은 없지만 텔레비전에 나오는 모습을 보면 그렇다. 하지만 남자는 대부분 이효리나 성유리를 좋아하게 되어 있다.

동준이는 이효리가 자기 이상형이라고 한다. 나는 동준이에게 이상형 같은 것은 없는 거고 혈액형처럼 사람들이 지어낸 거라고 알려주었다. 그럼에도 불구하고 동준이는 이효리가 자기 이상형이라고 한다.

나는 사실 동준이를 좋아한다. 동준이는 그림을 잘 그린다. 물론 나도 잘 그리지만. 나는 싸인펜으로는 잘 그리는데 연필로는 잘 못 그린다. 동준이는 연필로 잘 그리고 싸인펜으로 잘 못 그린다. 동준이는 내 앞자리에 앉는다. 동준이는 머릿결이 좋아서 쉬는 시간에 나랑 놀려고 휙, 돌 때에 머리가 착, 하고 움직인다. 동준이가 쉬는 시간에 항상 나랑 노는 것은 아니다. 동준이는 앞 분

단 애들이랑 놀 때가 조금 더 많기는 하다. 그런 날에 나는 그리던 그림을 그린다.

일요일은 아빠 생신이어서 엄마가 파리바게뜨에서 초코 케이크를 사면서 사은품으로 주는 CD를 받아 오셨다. 제목은 '핑클과 함께하는 파리바게뜨 세상여행'이었다. 컴퓨터로 재생을 해보았다. 주인공 아이가 핑클이 안내하는 신나는 파리바게뜨 세계로 들어가 탐험한다는 내용이었다. '뮤직홀'을 누르면 핑클 뮤직비디오 세 편을 편리하게 감상할 수 있다. '왕궁'을 누르면 파리바게뜨 선전 몇 편을 감상할 수 있다(선전에 핑클이 나오는 건 아니다). 게다가 핑클 화면보호기까지 제공한다. "아름다운 세상, 아름다운 이야기는 먼 곳에 있지 않습니다"라는 글귀가 나오고 나서 핑클 사진이 여섯 장 정도 나온다.

나는 CD를 컴퓨터에서 꺼내 조심스럽게 다시 케이스에 넣었다. 처음에 받은 대로 '핑클과 함께하는 파리바게뜨 세상여행'이라는 글자가 기울어지지 않게 똑바로 넣었다. 그리고 CD를 색종이 두 장으로 감싸서 선물 포장을 했다. 엄마는 아빠한테 CD를 선물로 줄 거냐고 물었다. 아니, 동준이 주려고.

나는 동준이가 사는 관양아파트 402동 102호로 달려가 초인종을 눌렀다. 안에서 동준이네 아줌마의 화난 말소리가 들렸다. 동준이네 아저씨와 싸우고 있는 것 같았다. 아줌마가 인터폰으로 "누구세요?"라고 물었다. 인터폰으로 누구와 얘기하는 것은 항상 긴장이 된다.

"저 동준이 친구인데요. 동준이 줄 게 있어서요."

"지금 동준이 못 노니까 집에 가라."

"저 놀려고 온 거 아니구요, 그냥 이것만 전해주려구요……."

이미 인터폰은 끊긴 뒤였다.

나는 CD를 동준이네 우유 주머니에 넣어두고 집으로 왔다. 월요일에 학교에 갔는데 동준이는 CD 얘기를 하지 않았다. 그 뒤로 우리는 핑클 얘기도 하지 않았다.

내가 연애에 대해 책을 쓸 수 있는 사람으로 컸는지는 잘 모르겠다.

나는
술을 따라 놓고
마시지 않는 것을
좋아한다

몇 년 전 대종회장 임기를 마친 친할아버지는 내가 아는 사람 중 가장 옛날 분이지만, 당신의 세계 속에서는 이따금씩 새로운 시도를 한다. 그런 시도가 할아버지의 머릿속에서는 나름의 진보일지 몰라도 식구들에게는 황당한 데가 있다. 예를 들어 남자들만 두루마기를 입고 차례를 지내는 풍습을 바꾸려고 여자용 상궁 저고리를 맞추신 것이 그렇다. 내가 유학길에 오를 때 족보를 CD에 구워 주신 것이 그렇다. 하도 손자들 중 결혼한다는 사람이 없으니까 여쭙지도 않았는데 외국인 며느리도 괜찮다고 하신 것이 그렇다. 하지만 나보다 열 살 위인 장손 사촌형부터 나까지 그 누구도 장가가지 않았기 때문에 지난 20년간 같은 멤버다. 구멍 숭숭 난 똑같은 병풍에 똑같은 지방을 붙였다 떼었다 읽었다 태웠다 하며 명절마다 차례를 지내오고 있다.

사촌형과 내 역할은 차례상 좌우에 장승처럼 서 있다가 필요할 때 술을 따르는 것이다. 주로 내가 왼쪽에 서고 사촌형이 오른쪽에 선다. 술은 정종(청주)을 병째 살짝 덥힌 다음 백자 주전자에 따라둔다. 가운데 피운 향을 기준으로 왼쪽에 올릴 잔에는 내가 따르고, 오른쪽 잔에는 형이 따른다.

집중을 요한다. 두루마기 소매가 길기 때문에 잘못하면 차례상 음식을 다 쓸고 지나간다. 특히 내가 좋아하는 계적이나 배에 닿을까 신경이 쓰인다. 두루마기는 삼사 년에 한 번 빠는 걸로 알고 있다.

어렸을 때에는 하기 싫은 일이었지만 어느새 그 감각에 정이 들었다. 옻칠한 제기 잔에 술을 따를 때 '쪼르르' 하고 나는 소리. 주전자를 기울일 때 뚜껑이 달그락거리는 소리. 술잔과 제기를 조상님께 권해본 다음 한 모금 하신 걸로 하겠다는 의미로 앞에 놓인 대접에 세 번 쪼륵 쪼륵 쪼르륵 따르는 소리. 그 소리가 큰집 안방을 채우는 동안 발목 뒤가 근지럽고 머리에 쓴 너무 작은 탕건이 신경 쓰이는 그 느낌.

어른들은 차례상에 오른 술 음복을 하기도 하지만, 내가 따른 술 대부분은 향로 앞 대접에 담긴 채 부엌으로 돌아간다. 버려지는지, 아니면 갈비찜 같은 걸 할 때 쓰는지는 잘 모르겠는데 다음 명절에 한번 큰엄마께 물어봐야겠다.

정종은 마시기보다 따르기 좋은 술이다. 일단 향이 좋고, 제례에서 술의 역할을 할 수 있는 딱 그 정도로만 빚어진 술이어서 과함이 없다. 만 년 전 중국 땅에서 살던 사람들이 사용한 토기에 쌀을 발효한 술의 흔적이 발견된다고 하니 인간과 술을 떼어놓을 수 없다고 말할 때 그 술은 이 술일 것이다(인간이 발효주를 증류해서 진탕 취할 수 있는 독주로 만들어 마시기 시작한 건 고작 몇백 년밖에 되지 않았다고 한다). 식량으로 쓰고 남은 곡식을 발효해야 나오는 것이 술이니 아무나 마실 수 없었을 텐데, 한 잔 따라놓고 제사를 지내면 수백, 수천 명이 그 한 잔에 절할 수 있다. 술 한 잔에 군중이 취할 수도 있었을 것이다. 술 마시는 영화를 보고 나오면 나까지 취한 것 같을 때가 있다.

친가의 공식 술이 제사상의 정종이라면, 외가의 공식 술은 성당 제단의 포도주다. 난 태어나자마자 세례를 받고 엄마를 따라 유년기 내내 성당에 다녔다. 포도주가 예수님의 피로 변하는 순간을 수백 번 보았지만 실제로 그 맛을 처음 본 건 초등학교 5학년, 첫영성체 때였다. 신부님이 평소 쓰는 밀떡 대신 푹신푹신한 빵을 한 덩이 찢어서, 제사용 와인에 푹 담가 내 입에 넣어주었다. 쓰고, 떫고, 시었다. 담근 부분의 빵이 못 쓰게 된 것 같았다.

일요일마다 포도주를, 명절마다 정종을 앞에 두고 수많은 재채기와 간지럼, 방귀를 참아오다 보니 나는 어린 나이에, 인간이 제(祭)를 필요로 한다는 사실을 본능적으로 이해할 수 있었다. 아빠가 큰집 안방에 엎드려 '유세차'로 시작하는 긴 축문을 읽어 내려갈 때, 청소년 미사가 없어서 들어간 성인 미사의 엄숙한 사도신경 소리에 몸의 털이 쭈뼛 설 때. 그 기다림의 시간들을 온갖 손가락 장난을 치면서 감내했던 것은 제사라는 것이 인간을 더 큰 무대에 단역으로나마 출연시키는 초월의 순간이라는 설명을 받아들였기 때문이다. 세상에 우리가 알 수 없는 것들이 있다는 것을, 평소에 네가 어떤 생각을 갖고 어떤 짓들을 하며 살아왔는지와는 무관하게 이 시간만큼은 잠자코 받아들이기로 약속된 시간.

그것을 로마 카톨릭에서는 '신비'라고 하고, 한국 통속 유교 문화에서는 '그런 거 물어보지 말고 그러려니 해라'라고 한다.

나는 지금도 술을 따라놓고 마시지 않는 것을 좋아한다. 내가 잔을 끝까지 비우는 데 아무런 의무감을 느끼지 않는다는 것을 나의 술친구들은 알고 있다. 술을 따르지도 않고 그냥 병째 놓고 굴비처럼 보기만 하는 것은 더더욱 좋아한다. 이 글을 쓰는 현재 집에는 스카치, 버번, 진, 보드카, 캄파리, 피노 누아르, 보르도, 포메로, 리즐링, 샤도네이, 그리고 IPA가 있지만 손님 없이 혼자 마셔본 적은 없다. 술에 대해서 알면 알수록 덜 마시게 되고, 사놓고 안 마시면 안 마실수록 술이 좋아진다. 이건 나의 오래된 술 좋아하는 방식이다.

나는
캄보디아의 해변에
가 본 적은 없다

하지만 꽤 오랫동안 그곳이 어떤 곳일지 상상해왔다. 여행책을 읽어보지도, 인터넷을 찾아보지도 않고 아무런 도움 없이 혼자 일방적으로 상상했다. 그곳을 캄보디아의 해변이라고는 했지만 실제 캄보디아와는 완전히 무관한 곳이다. 거기에는 숨이 막힐 정도로 진하고 습한 우림이 있다. 우림을 헤치고 나오면 시야가 확 트이면서 고운 백사장이 펼쳐져 있다.

거긴 항상 밤이다. 쾌적한 밤공기. 바다는 무겁게 일렁인다. 밤벌레 소리와 파도 소리가 들린다. 모니터 화면보호기 속으로 들어온 것일까. 맞춰놓은 10,000피스짜리 퍼즐 속으로 들어온 것일까. 시간이 멈춘 것 같다. 보름달이 방갈로 뒤로 보라색 그림자를 드리운다. 밤이 이렇게나 좋은데 해변에 사람이 하나 없다. 관광객들에게는 아직 발견되지 않았고, 주민들은 특별히 찾지 않는가 보다.

(상상 계속……) 삼십대 초반 정도로 보이는 남녀 셋이 바다를 마주 보고 앉아 병맥주를 마시고 있다. 그들은 잘은 몰라도 예술 비슷한 것을 하는 청년들이다. 음악 하는 청년 하나. 미술 하는 청년 하나. 시 쓰는 청년 하나. 역시 예술을 하는 청년들이기 때문에 우리와는 달라도 다르다. 그들의 대화는 통상적이지 않다. 그들의 생김새는 개성 있다. 그들의 상태 메시지는 수수께끼 같다. 어려운 이름의 수입 맥주를 꿀꺽꿀꺽 즐기고 있다. 맥주 맛을 모르는 나와는 달리, 정말 맛있다는

듯 청량하게 마시고 있다. 그들은 수입 맥주처럼 멋지다. 예술처럼 멋지다. 캄보디아처럼 멋지다.

고3이 되면서 청년 선생님이 새로 부임했다. 과목은 영시였다. 모두 긴장했다. 소설도 어려워 죽겠는데 시라니. 졸업한 선배 하나는 겁을 줬다.

"내가 영시를 배워봤는데 진짜 한 줄도 이해가 안 가는 것들이 얼마나 많은지. 초서, 밀턴……. 미국 애들도 전공해야만 배우는 것들이 나올걸. 너넨 이제 잠 다 잤다."

청년 선생님은 처음 보는 유형의 인물이었다. 두툼한 상체에 까무잡잡한 피부, 옅은 콧수염. 교포 출신인지 한국어는 어눌했고 영어는 유창했다. 한국 선생이면 한국 선생, 외국 선생이면 외국 선생으로 나뉘는 교무실에서 그는 어색한 제삼자였다. 첫 수업 때 우리는 이 과목이 고3 첫 학기에 희망이 될지 절망이 될지 몰라 촉각이 곤두서 있었다. 그런 우릴 보고 그는 웃으며 말했다.

"릴랙스 좀 해. 이 수업은 외우는 것도 없고 시험도 없어. 대신 매주 너네들이 시를 써서 갖고 오면 돼. 형식, 주제, 없어. 다 자유야. 그냥 생각나는 대로 마음속에 있는 내용을 써. 대신 잉글리시로 써야 돼. 그래야 나도 학교에 할 말이 있지."

시를 쓰라니. 시가 뭐였지?

시를 써 보지 않은 것은 아니었다. 나로 말할 것 같으면 열다섯 살 때부터 '반지의 제왕' 온라인 동호회에 판타지 시를 활발히 써 올리던 음유시인이었으니까. 하지만 수업에서 써 내라고 하는 시는 대체 어떤 것이어야 하는지 감이 잡히지 않았다. 인간족의 허영과 난쟁이족의 기구한 운명에 대해서 써 낼 수도 없고.

괜히 수첩을 들고 운동장에도 나가보고, 안 가던 길로 걸어도 보고, 평소보다 밥을 많이 먹어도 보고 적게 먹어도 봤다. 한국어로 써서 영어로 옮겨도 보고 반대로도 해보았다. 평소 접하는 것들 중 제일 '시' 같다고 느꼈던 자우림 노래 가사 뒤에 이어서 써보기도 했다. 미안해 널 미워해 왜냐면…….

시인지는 모르겠지만 뭔가가 써졌다. 무엇에 관해? 나와의 우정은 없던 일이라고 선언하고 떠나간 친구 때문에 마음에 난 화재 사건. '너 왜 재랑 놀아'로 요약 가능한 시를 참 공들여도 썼다. 다른 애들이 그 얘기란 걸 눈치채지 못하게 말을 꼬고 또 꼬아서, 물걸레질한 칠판처럼 될 때까지 흐트려서 제출했다.

청년 선생님은 우리더러 서로의 시를 바꿔 읽게 했다. 좋았던 점, 궁금한 점을 하나씩 말해보라고도 했다. 내 시를 읽은 한 친구는 '뭔 소린지는 모르겠지만 좋았다'는 평을 남겼다. 날아갈 것 같았다. 내가 바라던 이상적인 비평이었다. 하지만 이어지는 질문에 답하는 것은 얼굴이 빨개지는 고역이었다.

우린 서로의 시에 대해 궁금한 것들이 정말 많았다. 각자 머릿속에 어떤 생각을 넣고 다니는지 전혀 모르고 있었다. 누구는 중학교 때 체조 선수를 준비하면서 훈련하던 꿈을 지금도 꾼다는 얘기를 써냈다. 탄산 같은 애교로 유명했던 한 친구는 난데없이 자기 혈관에 흐르는 약물의 이름을 길게 써내서 교실을 서늘하게 했다. 정말로 우리가 서로에 대해 알긴 알았던 걸까? 우리들 시는 풋풋하고 끈적거리고 가시투성이에 시큼한 냄새가 났다.

청년 선생님은 뜻을 모르는데 멋있어 보인다고 막 갖다 쓴 단어에도 면박을 주지 않았다. 어떤 느낌 때문에 어째서 그 단어를 썼는지 궁금하지만, 꼭 대답하지 않아도 된다고 했다. 호르몬 대환장 상태의 기숙사 고등학생들이 뿜어내는 감정에 대해 그는 하나하나 공감해주었다. 우리는 가끔 날이 좋으면 밖으로 나가 잔디밭에 둘러앉아 시를 쓰고 읽었다. 길 가던 다른 선생들은 우리가 노는 줄 알고 혼내려 다가왔다가 청년 선생님에게 겸연쩍은 인사를 건네고 지나가곤 했다.

비가 많이 오던 어느 날에는 시 대신 각자 좋아하는 노래 가사를 읽고 노래도 감상하는 시간을 가졌다. 누구는 신해철의 〈일상으로의 초대〉를, 누구는 후바스탱크의 〈더 리즌〉을, 나는 당시에 꽂혀 있던 〈벨벳 골드마인〉의 오리지널 사운드 트랙을 가져왔다.

"무슨 내용이지?"

"내용은 하나도 모르겠는데요, 너무 좋아요."

선생님이 가져온 노래는 R.E.M.의 〈나잇스위밍〉(Nightswimming)이었다.

> "나잇스위밍 진짜로 해본 적 있니? 선생님은 친구들이랑 저번 여름에 캄보디아 여행을 갔는데 거기 바다가 진짜 너무 좋더라. 특히 밤에 맥주 한잔 마시고 거기서 수영하면 진짜 시간이 딱 멈춘 것 같아. 바닷물 위에 누워서 어깨에 힘 다 빼고, 릴랙스하고 하늘을 보고 가만히 있어. 엄청 깜깜할 것 같잖아? 근데 까맣지 않고 모든 게 파래. 바다에서 보면 달이 진짜 밝거든. 파도 소리가 엄청 커서 귀가 먹을 것 같다가도 또 잠깐 있으면 아무 소리도 안 나는 것 같기도 해. 너네도 나중에 기회가 되면 꼭 가봐. 진짜 좋아하는 친구들이랑 졸업하고 한번 가봐……"

잠깐이나마 사춘기의 요동치는 감정들을 쓸모 있게 활용할 수 있었던 그 시 수업 시간은 언제나 기다려졌다. 어쩌면 평생 기다려왔는지도 모르겠다. 써내지 않아도 되는 주에도 썼다. 어떤 시는 노래로 만들어서 밤늦게 애들이랑 한방에 모여 녹음하고 돌려 들었다. 사감 선생님이 낌새를 채고 문을 벌컥 열면 토론 대회 준비 중이라고 둘러댔다. 시는 노래가 되었다가 랩이 되었다가 러브레터가 되었다가 대자보가 되었다가 했다.

청년 선생님이 세상을 떠난 지 벌써 15년이 됐다. 그의 말대로 맥주를 한잔하고 바다 수영을 하다가 사고가 났다고 했다. 선생님을 특히 좋아하던 몇몇 친구들이 수소문해 겨우 알아낸 사실이었다. 어떻게 슬퍼해야 하는지 아무도 알려주지 않아서 멍하게 지냈다. 우리는 졸업을 기념해 해변으로 엠티를 갔다. 술을 새벽까지 마시고, 칠흑 같은 양양 바다에 앉아서 파도 소리를 들으며 Mp3로 〈나잇스위밍〉을 나누어 들었다.

지금 누가 갑자기 내게 시를 좋아하냐고 묻는다면 저는 시를 잘 모르고, 읽는 것도 쓰는 것도 흥미가 없다고 대답하지만, 그렇게 대답할 때마다 잘못하는 것임은 알고 있다.

나는
금강산 관광단지
특산품 전시장에
비밀을 두고 왔다

금강산에 다녀왔다.

2000년대 들어 남과 북은 마치 중학교 때 철천지 원수였다가 같은 고등학교에서 만나 절친이 된 애들처럼 부쩍 관계가 좋다. 금강산 관광은 남과 북의 우정 반지다. 2003년부터는 배편뿐 아니라 육로 관광도 허용되었다. 지도에서 보니 우리 학교에서 금강산까지는 130킬로미터밖에 되지 않는다. 대전보다 가깝다. 1박 2일 동안의 짧은 여행이어서 그런지 꿈에서 있었던 일처럼 가짜 같다.

목적지가 금강산이 됐든 백두산이 됐든, 수학여행은 수학여행이다. 고등학생은 고등학생이기 때문이다. 그리고 고등학교는 살벌한 밀림이다. 그 생태계 속에서 우리는 각자의 위치를 잡아가고 있다. 누군가는 사자, 누군가는 얼룩말, 누군가는 하이에나여야 한다. 첫 1년이 적응기였다면, 2학년이 되면서 우리는 각자 어떤 동물이 되고 싶고 어떤 동물은 되기 싫은지, 어떤 동물을 피해야 하고 어떤 동물을 먹잇감 삼을지, 그리고 어떤 동물을 탐하는지 어렴풋이 알아가고 있다. 영문학 시간에 읽었던 『파리 대왕』이 요즘 내 현실에 댄 거울 같다.

1학년 때의 미숙했던 내 모습은 이제 안녕이다. 민망했던 베타 버전의 자아를 허물처럼 벗어버렸으니까. 이제 새 사람이 되어 새 친구를 사귀고 있다. 대상은 요즘 부쩍 가까워진 유석이와 상희다. 유석이와 상희는 1학년 때의 나를 모르고, 나 역시 그들의 1학년 시절을 모른다. 알려고 하지도 않는다. 유석이와 있을 때 나는 예전과는 달리 욕도 좀 할 줄 아는 사람이다. 상희랑 있을 때 나는 가요가 아니라 얼터너티브 록을 듣는 사람이다. 우리 셋은 우리를 옥죄는 이 학교 시스템이 얼마나 레임(lame)한지 같이 한탄할 수 있는 그런 친구인 것이다. 워낙 죽이 잘 맞다 보니 우리 셋을 빼놓고는 반 분위기가 살지 않는다. 달리 말하면, 우리가 주인공이다.

앞으로 어쩌면 1학년 때 내 모습을 아무도 기억하지 못할 수도 있다는 생각. 그것이 주는 무한한 가능성에 흥분이 된다.

금강산 가는 버스 안에서 우리를 인솔하는 선생님들은 휴전선을 넘는 건데 긴장 좀 하라고 신신당부했다. 하지만 처음으로 학교를 벗어나 미지의 장소로 떠나는 여행에 전날 잠을 설칠 정도로 신이 나 있는 상태였다. 나는 유석, 상희와 관광버스 맨 뒷자리에 앉아서 (처음으로 앉아본다) 다른 애들을 내려다보며 우리끼리만 아는 시답잖은 농담과 뒷담화를 했다. 야, 누구랑 누구 사귀는 거 맞지? 저번에 자습 시간에 자판기 앞에서 봤는데 뭔가 있던데. 쟤네 밤에 딴 데로 새는 거 아니냐?

휴전선에서 총 든 북한 군인 하나가 버스에 올라와 전원 여권 확인을 할 때만큼은 우리도 쫄아서 쥐죽은 듯 있었다. 두 시간도 안 되어 금강산에 도착했다. 등반은 다음 날로 예정돼 있었다. 금강산 관광에 대한 가이드 동무의 간단한 설명을 듣고 나서, 모란봉예술단의 환영 공연을 보았다. 예술단원들은 다 우리보다 어려 보였는데, 그중 한 명이 봉을 받다가 두 번이나 실수를 했다. 우리는 북한에서 저런 실수를 하면 어떻게 될 것인지에 대해 건방진 농담을 했다.

다음은 북한 특산물이 진열돼 있는 전시장 겸 기념품 가게를 구경했다. 가이드 동무는 우리가 기념품에 쓸 돈 없는 학생들일 뿐이라는 걸 알면서도 한 코너 한 코너마다 멈춰 서서 북한 백도라지며 약밤, 더덕 등을 공들여 소개했다. 포장지에 쓰인 문화어 표현들이 재밌긴 했지만 우리 흥미를 끌 만한 물건은 없어서 선 채로 졸고 있을 무렵, 가이드 동무는 전시장 중앙에 천장까지 높게 뻗은 원형 장식장 앞에 서더니 맨 위를 가리켰다. 빨간 천 위에 항아리만 한 큰 유리병. 그 속에 큰 구렁이 한 마리가 병을 꽉 채워 똬리를 틀고 있었다. 가이드 동무는 요것엔 관심을 보일 줄 알았다는 듯이 의기양양하게 설명을 늘어놓았다.

"조선의 뱀술은 아주 예로부터 유명했습니다. 금수산의사당경리부 산하 태평술공장에서 전문적이고 또 안전하게 제조되고 있으며, 뱀의 엑기스가 우러나올수록 누런빛을 냅니다……"

술 속에서 살아 있는 것처럼 머리를 꼿꼿이 들고 있는 그 뱀과 눈이 마주쳤을 때, 나는 선택받은 마법사 소년처럼 이마가 지끈거렸다.

일정이 끝나고 숙소에 들어왔다. 군대 막사처럼 길쭉하게 통로가 있고, 양쪽으로 요를 펴고 잘 수 있게 되어 있는 가건물이었다. 숙소 안은 크게 불편할 것이 없었지만 현관문을 열면 푸르죽죽한 하늘 아래 쥐죽은 듯 조용한 것이 으스스했다. 주변에 바다와 숲, 짓다 만 폐건물 같은 것들뿐이어서 캄캄한 중에 아까 갔던 전시장만이 내리막길 끝에 희미하게 빛나고 있었다. 10시 쯤 되자 선생님들이 이제 자라며 소등하러 돌아다녔다. 퍽이나 우리가 자겠습니다. 선생님들이 떠난 지 얼마 되지 않아 상희가 남자 숙소 문을 두드리더니 나와 유석이를 밖으로 불러냈다.

"야, 누구랑 누구 없어. 내가 말했지? 밤에 딴 데로 샌다고."

그런 식으로 남몰래 밀회를 즐기는 커플을 어떻게든 찾아내어 "밀회다(tryst)!" 하고 놀래키는 것이 우리들의 놀이였다. 그 둘이 앙큼하게 어디로 숨었을까. 어느 쪽으로 갔는지 전혀 알 수 없는 상황에서 숲속을 헤집기에는 용기가 부족했으므로 우리는 자연스럽게 언덕 아래 전시장으로 향했다.

전시장 주 조명은 꺼졌지만 섹션마다 핀 조명이 하나씩 켜져 있어서 창문으로 속이 잘 들여다보였다. 전시장 건물 바깥을 한 바퀴 돌았으나 손잡고 산책하는 남한 청소년들을 발견하지는 못했다. 두근거렸다. 이제 밀회 탐지는 구실일 뿐, 금지된 장소를 헤집고 있다는 것 자체로 아드레날린이 솟구쳤다. 유석이가 잠깐 망설이다 전시장 문을 당겨보았는데, 그냥 열리는 것이 아닌가. 우리는 자정이 가까운 시각에 금강산 관광단지 전시장 문을 열고 '미쳤어 미쳤어' 거리며 잠입했다.

전시장 입구 반대쪽 벽에 걸린 금강산 만물상 그림을 등지고 쪼그려 앉았다. 혹시라도 누가 들어온다면 잽싸게 고개만 숙이면 선반에 가려 보이지 않을 것 같은 스팟이었다. 여기까지 오긴 했는데, 이제 뭘 하지?

목숨을 걸고 진실게임을 했다.

담배를 피워본 적 있다는 진실. 야동을 본 적 있다는 진실. 누구누구를 좋아했던 적 있지만 지금은 절대 아니라는 진실 등이 공유되었다. 우리 사이는 새 학년 친구에서 혈맹으로 깊어가고 있었다.

질문이 점점 식상해지고, 이제 어떻게 이 상황을 마무리해야 하나 막막해질 무렵. 나는 갑자기 이 진실게임을 단순한 게임이 아닌 진짜 진실이 명명백백하게 드러나는 사건으로 격상시키고 싶은 충동에 사로잡혔다. 지난 17년 간 단 한 번도 입 밖에 내본 적 없는, 나의 본성에 대한 비밀. 거창하게도 나뿐 아니라 주변 사람들도 다치게 할 수 있는 독이라고 생각해 온 힘을 다해 지키고 있었던 비밀. 그걸 여기 금강산에서 이 둘에게 털어놓고 싶다는 충동이 일었다. 나는 쿵쾅거리는 심장을 붙들고 둘에게 말했다.

"야, 너네 중 한 명이 저 뱀술을 따서 한 모금 마시
고 오면 내 인생 최대 비밀을 알려줄게."

"미친 거냐, 뭔지 힌트라도 달라."

모두 어림없었다. 내 완강함을 보고 유석이는 뭔가
있다는 걸 짐작했는지 결국 용기를 냈다.

"너 뭔진 몰라도 딴소리하기 없기다. 혹시 누가 오
는지 잘 봐."

말리지 않았다. 여기는 이미 꿈속이나 다름없는 초
현실의 세계. 오늘 밤 일은 기숙사로 돌아가면 모두 없
었던 일이라고 우리는 이미 굳게 믿고 있었다. 유석이
는 기념품이 전시된 중앙 섹션의 카운터를 넘어 뱀술
진열장 아래까지 다가갔다. 상희는 애꿎은 내 소매자락
을 붙잡고 흔들었다.

"미쳤어 미쳤어 미쳤어 미쳤어."

유석이는 우리 쪽을 보고 실실거리며 입모양으로
뭐라뭐라 했지만 무슨 말인지 알 수 없었다. 상희는 유
석이 왼쪽에 놓인 높은 의자를 손가락으로 가리켰다. 유
석이는 의자를 진열장 가까이 당겼다. 이제 의자를 밟고
오르기만 하면 뱀술을 손에 넣을 수 있다.

모든 것이 준비된 순간. 처음엔 칠흑 같았던 어둠
에 이제 적응이 된 건지 전시장 속 풍경이 그림처럼 또
렷하게 보였다. 아직도 내 소매를 잡고 있는 상희와 눈
이 마주쳤다. 이마에 앞머리가 땀으로 붙은 채로 나를
올려다보는 그의 눈빛이 내게 말하고 있는 것 같았다.

"무슨 비밀인지 알 것 같다 야. 그거구나?"

그때 알았다. 내 비밀의 감옥에 나도 모르는 경보가 있었다는 것을. 나도 모르게 소리쳤다.

"누가 온다!"

내가 소리쳤다. 모두 바닥에 납작 엎드렸다. 나는 몸을 숙인 채 허둥지둥하는 유석이와 상희를 입구로 데리고 나왔다. 온 힘을 다해 언덕을 올라와 숙소 앞에서 숨을 고를 때에서야 유석이가 물었다.

"뭐야, 뭘 본 거야?"

"몰라, 누가 있는 것 같았어. 다행이다."

다행이다.

뱀술은 열리지 않았고 내 비밀도 그대로였다.

그로부터 3년 뒤, 금강산관광지구에서 관광객 박왕자 씨가 북한군의 총격에 목숨을 잃는 사건이 발생했다. 금강산 관광 사업은 중단된 지 12년이 지나도록 재개되지 않고 있다.

나의 새엄마다

나는

안녕하십니까? 저는 안양에서 1남 1녀 중 장남으로 태어났습니다. 화목하고 단란한 가족 분위기 속에서 인자하신 어머니와 근엄하신 아버지로부터 정직과 성실을 배웠고, 동생과 어울려 자라는 과정에서 양보하는 습관을 들였습니다. 좋은 가정환경에서 어린 시절을 보낼 수 있었던 것에 대해 깊이 감사하는 마음을 갖고 있으며, 이러한 성장 과정에서 체득한 책임감과 배려의 자세는 앞으로 사회생활을 하면서도 큰 밑거름이 될 것이라고 확신합니다.

하지만 가끔은 나무랄 데 없는 집안에서 별다른 불만 없이 자란 것 자체가 불만이었다. 주변에 악역이 없다는 것이 불만이었다. 밀레니얼의 불만 능력은 이렇게 놀라운 것이다.

동화 속 주인공처럼 악독한 새엄마나 내 꿈을 가로막는 아버지, 평화를 위협하는 바다 마녀, 마법 세계를 경멸하는 고모부 같은 악당이 있었더라면 얼마나 좋을까. 대들고 뛰쳐나와 놀이터에서 눈물 닦다가 '아, 아니야. 아무것도'와 같은 대사를 할 수 있었을 텐데.

현실에서 악당이 나오는 어린 시절을 보낸 사람들이 얼마나 많은지 알았더라면 하지 않았을 철없는 생각이지만, 그때는 그게 나의 바람이었다.

10살 때, 어린이 뮤지컬 〈신데렐라〉 예술의전당 공연 실황을 KBS에서 틀어주었다. 계모 역을 맡은 배연정을 본 순간 나는 저 사람이 내가 원하던 악당이 아닌가 생각했다. 배연정은 신데렐라를 어떻게든 재투성이 부엌에 묶어두려 하는 계모를 자기 코끝의 점처럼 야무지게 표현했다. 지금은 국밥집 사업가로 더 유명하지만, 그와 같은 1세대 방송국 개그우먼들은 한 명 한 명이 거인이다.

같은 해 미국에서는 휘트니 휴스턴과 오프라 윈프리 합작 프로덕션으로 새로운 뮤지컬 영화 〈신데렐라〉가 극장에 걸렸다. 원작은 1957년 로저스 앤 해머스타인 뮤지컬이지만 가수 브랜디가 흑인 신데렐라로 나와서 휘트니 휴스턴이 연기한 요정 대모의 도움으로 필리핀계 왕자를 만난다는 파격 다양성 캐스팅으로 유토피아적인 분위기를 자아내는 작품이었다. 휘트니 휴스턴이 원래 신데렐라를 하려고 했지만 제작이 지연되면서 더 신세대인 브랜디를 추천했다고 한다.

착한 역들이 모두 유색인종으로 채워지는 와중에 계모 역은 종잇장처럼 창백한 피부색의 뮤지컬배우 버나뎃 피터스가 열연했다. 워낙 흑인 신데렐라로 화제가 된 프로덕션이다 보니, 많은 백인 여배우들이 못된 역 맡기를 부담스러워했다고 한다. 그러나 버나뎃 피터스는 브로드웨이 베테랑이 아닌가. 카랑카랑한 목소리와 핏대 오른 흰 목덜미, 눈앞에 몇 가닥 떨어지는 붉은 곱슬머리까지. 그는 배연정을 제치고 내 마음속 명예 새엄마 자리를 단번에 꿰찼다.

원작 뮤지컬에서 새엄마는 노래가 없는 배역이었지만, 버나뎃 피터스 씨이나 캐스팅해놓고 그래선 안 될 일이기에 없었던 노래가 새로 들어갔다. 제목은 〈사랑을 사랑하고〉(Falling in Love with Love). 1938년 작 〈시라큐스의 소년들〉에 나온 뒤 줄리 앤드류스, 수프림즈, 프랭크 시나트라 등 유명 가수들이 한 번씩 불러 스탠다드가 된, 미디움 템포의 가벼운 곡이다.

그러나 버나뎃 피터스가 극 중에 부른 버전은 몰아치는 듯한 편곡뿐 아니라 계단을 오르락내리락하며 신데렐라를 몰아세우는 특유의 히스테리와 초연함을 오가는 감정 채색으로 인해 완전히 새로운 곡이 되었다. 순수한 사랑 타령을 하면서 새 언니들을 홀리려는 신데렐라에게 새엄마가 정신 좀 차리라면서 부르는 곡이다.

사랑에 빠지는 건 가짜에 속는 것
사랑에 빠지는 건 바보가 되는 것
연연해 하는 건 철없는 망상
믿음을 주는 건 어린애 장난……

달 밝은 밤에 사랑으로 다 해결할 수 있을 것 같은 기분이 들 때에는 마음속 새엄마의 경고를 따라 부르며 정신을 차렸다. 예스, 마더.

나는
당신의 입장에
건배한다

케이미 커플('케이시'와 '제이미'라서)이 서울에 왔다. 싱가폴에서 하는 학회에 참석했다가 돌아가는 길에 딱 여덟 시간 얼굴을 볼 수 있을 것 같다고 했다. 3년 만에 보는 미국 친구들이 반가워서 휴가를 쓰고 서울역으로 마중 나갔다.

이미 편의점에서 허니버터칩과 바나나우유를 사서 뜯어 먹고 있는 케이미 커플에게 나는 서울에서 어떤 구경을 하고 싶냐고 물었다. 젊은 사람들 노는 동네를 가보고 싶다. 고궁을 보고 싶다. 힙스터 독립 서점에 가고 싶다. 화장품 구경을 하고 싶다 등 좋은 답이 많이 나왔다. 동대문에서 출발해 을지로를 지나 명동에서 점심을 먹고 덕수궁·광화문을 찍고 나서 홍대에서 마무리하는 일정으로 그들을 안내했다.

어느덧 저녁을 먹고 마지막 코스인 '젊은 사람들 구경'을 시켜주기 위해 서교동 포차거리로 나왔다. 금요일이라 놀러 나온 '젊은 사람들'로 거리가 전쟁통이었다. 제이미와 케이시의 눈이 휘둥그레졌다.

> "이 건물은 롯본기를 컨셉으로 한 3층짜리 일식 주점이야. 이 건물은 20세기 초 경성, 이 건물은 평양 호텔이 컨셉이네. 여기는 '헌팅'을 할 수 있는 포차구나. 한국에선 초면에 이성을 사로잡는 것을 헌팅이라고 해……"

극동방송국과 홍대 정문 중간의 삼거리를 중심으로 반경 50미터 안 모든 건물 1층이 포차인 그 거리는 작년까지 우리 사무실이 있었던 곳이기도 했다. 여기서 일을 했다고?

제이미가 믿기 어려워하는 것도 이해가 간다. 나역시 처음 야근을 마치고 밖으로 나왔던 밤의 환멸과 경외가 믹스된 기분을 생생히 기억한다. 동료들과 퇴근하는데 포차 삐끼들이 누구더러는 놀다 가라고 하고 누구한테는 말 안 거는 그 냉랭함도. 경기도인이기도 하고 고등학교 졸업 이후 바로 외국으로 나가는 바람에 어려서 홍대에서 놀아본 경험이 없었다. 홍대에 뒤늦게 온 주제에 분위기에 안 맞게 사무실을 차려놓고 일을 하다니……. 하긴, 나도 이십대 초반에는 흥을 깨는 것이 지상 최대의 범죄처럼 느껴졌었다. 흥을 깨지 않으려 지하철역까지 살금살금 걷곤 했다.

공항으로 돌아갈 시간이 얼마 남지 않은 케이미 커플을 그나마 대화가 가능한 데시벨의 술집으로 데려가 모둠전과 골뱅이소면에 맥주 한 잔씩 따라주었다. 케이시는 유튜브에서 한국식 술 마시는 법을 봤다면서 윗사람 술을 두 손으로 받아서 고개를 돌려 마시는 걸 따라해 보였다. 제이미는 자기가 더 잘할 수 있다면서 케이시보다 한껏 더 큰 동작으로, 마치 사또 술을 받는 이방처럼, 식탁 밑으로 기어들어갈 것 같은 시늉을 해 보였다.

"이렇게 마시는 거 맞아?"

요즘에는 한국 드라마나 예능을 보는 외국인이 많

기 때문에 한국 사람 술 마시는 법이 예전에 비해 훨씬 널리 알려져 있다. 하지만 많은 경우 술자리를 묘사만 하기 때문에 '대체 왜' 저렇게 마시는지에 대해 이해하려면 설명이 더 필요하다. 술 마시기의 단위에서부터 설명을 시작해야 한다.

한국에선 보통 술을 테이블 단위로 마십니다. 술을 들고 여기저기 돌아다니며 이 사람 저 사람과 대화를 나누는 것이 아니라, 술자리가 펼쳐진 이곳 이 테이블의 공동 운명에 동참하는 방식으로 마시는 것이지요. 어떤 술을 마실지, 어떤 순서로 마실지 등은 내가 아닌 테이블의 분위기에 따라 정해지는 편입니다. 주로 그 테이블에서 가장 서열이 높은 연장자나 상급자, 아니면 역할을 위임받은 대리인이 분위기를 이끌게 되는데요. 그런 사람을 옛날 조직 문화에서는 '술상무'(VP of Alcohol)라고 불렀습니다. 젊은 사람들 중에서는 그냥 나서는 걸 좋아하거나 권력 의지가 큰 사람이 사회를 본다고 생각하면 되겠습니다. 그런 분들을 '끼가 있다'(Got talent)라고도, 또 요즘은 '인싸'(Insider)라고도 부릅니다.

사회자에게는 테이블 단위로 필요한 술을 시키고, 건배할 타임을 제안하고, 감히 원샷하지 않는 사람은 없는지, 누구에게 술이 충분히 쭉쭉 들어가지 않고 있는지를 어느 정도 파악할 임무가 주어집니다. 모노폴리 게임을 할 때 은행원을 맡은 사람이 잔고를 계산해주는 것처럼요. 술자리가 파할 때 각자 돈을 얼마씩 내야 하는지에 대한 정산은 못 하더라도 모두가 빼지 않고 취할 만큼 취했는지에 대한 상호 감시와 감독은 철저하기 때문에, 술을 충분히 마실 의무를 소홀히 하는 사람은 힐난을 받습니다. 한국 사람들은 같이 죽더라도 공평한 것을 선호합니다.

심지어 어떤 술자리에서는 화장실에 가거나 담배를 피우려고 잠시만요, 죄송해요 하며 꾸역꾸역 나갔다 돌아온 사람에게 '입장샷'을 준다고들 합니다. 입장샷이라는 말은 재미있습니다. 한국어로 '입장'은 어느 곳에 들어오다(entry)라는 의미도 있지만, 겪고 있는 상황이나 처지(stance)를 뜻하기도 하니까요. 즉, 자리를 비웠다 돌아온 사람에게 주어진 한 잔은 그의 복귀를 반기는 한 잔이기도 하지만, 더 중요하게는 여기 모인 타인들의 처지를 생각해 흥이 깨지지 않도록 대의에 따르라는 주문의 한 잔이기도 한 것입니다.

당신의 입장에 건배를!

흥을 유지하는 데 술 게임만 한 것이 없습니다. 모든 술 게임은 술을 벌칙으로 준다는 점에서 일견 '술을 마시는 걸 기피하는 것인가?'하고 오해하실 수도 있을 것 같습니다. 그러나 개개인을 떠나서 오늘 모인 이 테이블 전체적으로 코가 삐뚤어지게 취해야 한다는 공동의 목표를 달성하는 데에는 빠르게 턴제로 알콜을 주유하는 술 게임이 큰 몫을 합니다. 뿐만 아니라 남이 벌칙으로 술 먹는 꼴을 보는 것은 내가 마시는 것보다 더 큰 기쁨이 되지요. 이처럼 개개인의 호불호를 내세우기보다는 '분위기'(vibe)라는 공공의 자산을 축내지 않으려 책임감을 갖고 행동할 때 한국 술자리를 제대로 즐길 수 있게 될 것입니다. 협조하지 않거나 지나치게 자신의 음주 기준을 앞세우는 말은 분위기를 '싸하게'(kill the vibe) 만들 위험이 있으니 삼가야 합니다.

술 게임으로 한국에서 어떤 것들을 하는지는 시간 관계상 생략하겠습니다만, 절대 생략하고 싶지 않은 부분은 바로 벌주를 부르는 주문입니다. 누군가 술 게임을 하다가 걸려서 벌칙으로 술을 마셔야 할 때, 빨리 마시라고 박수를 치며 부르는 전국민 공통의 노래가 있습니다. 입에서 입으로 전해져 내려오는 노래라 제목이나 작곡가는 알 수 없지만 누구나 아는 노래입니다.

마셔라 마셔라 마셔라 마셔라
술이 들어간다 쭉쭉 쭉쭉쭉 쭉쭉 쭉쭉쭉
언제까지 어깨춤을 추게 할 거야

벌칙에 걸린 이의 의무는 이 노래의 리듬에 맞춰 빨리 술잔을 비워내는 것입니다. 쭈뼛거리다가 제때 못 마시면 여기 모인 이 귀한 사람들이 계속 어깨춤을 춰야만 합니다. 그러니 빨리 행동하십시오. 좋은 말할 때 원샷하시겠습니까? 아니면 이 테이블에 상기된 얼굴을 하고 앉아 있는 이웃들이 일상으로 돌아가지 못한 채 힘들게 어깨춤을 추고 있는 상태로 두시겠습니까?

언제까지 어깨춤을 추게 하실 겁니까?(How long are you going to keep us shoulder-dancing for?)

어깨춤은 불안의 춤입니다. 사전에는 '신이 나서 위아래로 들썩이는 춤'이라고만 되어 있지만요. 거북이처럼 목을 집어넣고 어깨를 한껏 올린 채로 양팔을 접었다 폈다 하는 춤사위는 한국인에게 흥의 기본이라 하겠습니다. 술자리에 앉은 채로 출 수 있는 유일한 춤이 어깨춤이기도 하지요. 저 사람이 벌칙을 행하기를 전전긍긍 기다리며 유지시켜온 텐션을 어깨에 담아 올리고, 술 권하는 박수의 약 180BPM 빠른 리듬에 맞추면 자연히 어깨춤 동작이 나오는 것입니다.

어깨춤은 양반의 춤입니다. 미국 기숙사에서 비어퐁(맥주 탁구)을 하면 맥주캔을 원샷할 때까지 드링크! 드링크!를 외치지요? 그것에 비하면 한국식 술 권하기는 훨씬 더 양반 같다 할 수 있겠습니다. 여기서 '양반'이란 '직접적인 강요가 아닌 수동 공격만 하는 사람'을 뜻하는데요. 술을 마시기로 결정된 게임의 희생자가 사회적 규범에 따라 확실히 지금 마시도록, 행여나 본분을 다하지 않고 내빼는 일이 생기지 않게 하도록 부르는 노래인 것입니다. 이 노래를 전국민이 청산유수처럼 외울 수 있다는 점에서 한국인의 DNA에 기록돼 있는 문화가 아닌가 합니다.

어깨춤은 진화하는 춤입니다. 몇 년 전에 국립공원에서 불법 야영하는 캠핑족들이 뉴스에 나온 적이 있었습니다. 취재진의 마이크에 포착된 캠핑족 술 게임 소리가 화제가 됐습니다. "언제까지 어깨춤을 추게 할 거야"에 더해 "내 어깨를 봐, 탈골됐잖아"(Look at my shoulders, they are dislocated)를 붙인 겁니다. 어깨춤을 얼마나 오래, 격렬하게 추었길래 탈골이 된 것일런지요. 이후로 장안에 술 게임깨나 한다는 사람들 레퍼토리에 일제히 '탈골됐잖아'가 덧붙여졌습니다. 이런 식으로 어깨춤 노래는 입에서 입으로 전해지며 진화해왔을 것입니다.

술 마시는 법에 대해 한 학기 분량의 강의를 속성으로 듣고 한국 사람이 다 된 케이미 커플을 공항버스에 태워 보낸 뒤 녹초가 되어 택시를 잡아탔다. 친구들은 이제 잠깐의 기묘한 동아시아 술문화 기행을 뒤로하고 브루클린에 있는 그들의 아파트와 그들이 키우는 고양이에게 돌아갈 것이었다. 그러나 나는 한강을 건너고 남태령을 넘어 집으로 돌아오는 시간 내내 "언제까지 어깨춤을 추게 할 거야"라는 노래에 쫓기는 기분에 시달렸다. 군대 상관과의 술자리에서, 인턴십 회식에서, 각종 행사 뒤풀이에서 숱하게 들었던 그 노래의 변주.

넌 뭔데 술을 안 마시고 점잖을 빼고 있니. 어디서 왔길래 술을 꺾어 마시니. 아메리칸 스타일이니. 뉴요커 뭐 그런 거니. 얼마나 잘났길래 분위기를 안 맞추니. 네가 그러면 우리는 뭐가 되니.

내가 어떻게 사는지가 나만의 일이 아니고 여기 모든 사람들 공동의 관심사라는 생각은 어깨춤 노래가 되어 우리를 옭아맨다. 자기 기준을 내세워서 분위기에 구멍 내지 말라는 압박으로부터 도망쳐온 사람들은 서로의 동지다. 그 술자리에 가야만 했고, 그 폭탄주를 마셔야만 했고, 형들의 허세와 오빠들의 추태를 보고도 웃어야 했던 사람들은 서로의 동지다. 제때 박차고 나오지 못해 후회하는 모임이 있고, 아직도 나가기를 누르지 못해 고통받는 단톡방이 있어도 그 모든 환청으로부터 멀리멀리 도망치려고 술잔을 세고 있는 사람들은 서로의 동지다.

나는 세상을 깜짝 놀라게 할 것이다

피아노를 버린다는 얘기가 가족 카톡방에 오르내린 지 석 달이 넘었다.

부모님 집이 이사를 앞두고 이번 기회에 오래된 짐을 정리하려는 것이다. 어릴 적부터 우리 집 피아노는 내 자리였으니 나더러 마음의 준비를 하라는 배려로 다들 조심조심 얘기하는 듯했다.

"걱정 말고 버려. 어디 기증하든지 중고로 넘기든지 해."

아쉬움을 몰아내려고 미련 없는 척했다.

피아노 선생님 생각은 났다.

학원 원장실에 들어가면 벽에 크게 콩쿨 기념 사진이 걸려 있었다. 미인 대회에서 보던, 사자처럼 풍성하게 부풀린 파마 머리를 하고, 발목까지 내려오는 긴 가운 드레스를 입은 선생님은 우아하기 위해 존재하는 사람 같았고 나는 그 사진과 책상에 놓인 상패들을 존경의 눈으로 바라보곤 했다.

선생님이 말을 건넬 때에는 나직하고 부드러운 목소리였다.

"하농 다섯 번씩 연습했니?" "왼손이 너무 성급하구나." "비가 한번 오고 나니까 화분들이 파래졌어."

선생님은 불필요한 말은 하지 않았다.

체르니 40번을 뗐을 무렵이었던가. 점점 복잡해지

는 악보를 보고 그대로 따라서 치는 데에 관심이 시들어갔다. 선생님은 끝나가는 여름 방학을 기념하자며 합쳐봐야 다섯 명인 우리를 빨간 마티즈에 겹겹이 태워서 올림픽 실내 수영장에 데려갔다. 우리가 반나절 동안 물장구를 치고 노는 동안 선생님은 풀 한쪽에 몸을 반쯤 담그고 지켜봤다. 얼마 지나지 않아 선생님은 은퇴를 했고, 젊은 선생님이 학원을 물려받았다.

새 선생님은 우리와 친해지고 싶다며 불필요한 말을 했다.

"부모님은 뭐 하시니?" "교회는 다니니?" "중학교에 가면 살이 빠질 거야."

학원은 끊었지만, 방과 후에 혼자 집에서 피아노를 쳤다. 좋아하는 디즈니 영화 음악이나 가요를 쳤다.

중학교에 가니 꾸준히 교습을 받은 아이들은 이제 쇼팽이나 리스트를 치면서 예고 입시를 준비하고 있었다. 나보다 피아노 잘 치는 아이가 우리 반에만 두세 명 있었다. 피아노뿐이 아니었다. 나보다 한문을 잘 외우는 아이, 판타지 소설을 잘 쓰는 아이, 유행어를 더 잘 따라 하는 아이도 있었다. 중학교에 가서 살이 빠지지도 않았다. 내가 좋아하는 것을 나보다 잘하는 사람들을 마주할 때마다 조금씩 작아지긴 했어도.

이후로도 피아노는 내 곁에 있었다. 성당에서 오르간도 쳤고, 장기 자랑 때에는 반주를 했다. 대학교 때 아일랜드 여행을 갔을 때에는 숙소 지하의 펍에서 처음 보는 사람들과 같이 엘튼 존 노래를 부르며 건반을 두드리기도 했다. 프랑스에서는 건물 경비원이 좋아하는 에디뜨 피아프의 〈군중〉(La foule)을 매주 쳐드렸다. 하지만 교습을 그만둔 이후로는 누구에게 피아노 칠 줄 아는 사람이라고 소개하지는 못했다.

내가 하는 것들에 대해 평생, '잘하지는 못하는데 할 줄은 알아요' 같은 식으로 설명해왔다. 작가는 아니지만 글을 쓰는 걸 좋아합니다. 디자이너는 아니지만 인쇄물 편집을 하고 로고를 만들기도 해요. 사진을 찍는 사람은 아니지만 운 좋게 사진 일을 할 기회가 있네요.

잘하지도 못하는데 꼼수로 이렇게 하고 있다는 자책. 끝없는 연습이 필요한 일을 시시덕거리며 하고 있다는 죄책감. 진지하게 제대로 하고 엄격한 평가를 받아야 할 것 같은 의무감. '곧잘' 하지만 '잘'하지는 못하는 것들의 목록은 점점 길어졌다.

꼭 생산적인 일을 할 때에만 이런 강박이 있는 건 아니다. 한동안은 진심으로 노래방에 가서 노래를 하면서 옥주현만큼 부를 수 없는데 왜 하지라고 생각하고, 슬픔을 겪는 친구에게 위로의 말을 건네면서 혜민 스님만큼 잘 건넬 수 없는데 왜 하지라고 생각했다. 내 앞에 놓인 새로운 할 것은 하나인데, 이걸 했을 경우에 내가 별것 아닌 사람으로 까발려질 수 있는 위험의 가짓수는 수십 수백이니까.

요즘 어린이·청소년들은 그걸 더 빨리 깨달을 것이다. 우리 반에도 나보다 피아노 잘 치고 공부 잘하고 유행어 잘 따라 하는 친구들이 많았는데, 적어도 그때에는 유튜브는 없었으니까. 지금은 그 어떤 특수한 재능을 개발하든 간에, 그걸 나보다 잘하는 사람이 최소 12,000명 정도는 있다는 현실을 실시간으로 확인할 수 있다. 뭔가를 시작하기 전에, '저 사람만큼 할 수 없다면 해서 뭐 하나' 하는 자포자기의 벽을 넘기도 그만큼 더 어렵다.

또래 압력(peer pressure)이라는 말도 이제 낡은 것 같고, 전인류 압력(every-fucking-body pressure)이라고 해두자. 엄마는 이런 날 알기에, 내가 뭔가를 새로 하기로 했다고 하면 이렇게 말한다.

"그걸로 세상을 깜짝 놀라게 하려고는 하지 마."

연애와 술에 대한 나의 이야기는 곧 잘하지 못할 것이 뻔한 짓을 해나가는 이야기이다. 술을 마실 때 나의 관심사는 술을 즐겁지만 위험하지 않을 정도로, 세련되지만 재수없지 않게, 주변에 좋은 기운을 주면서도 남의 시선에 목매지 않는 사람으로 잘 마시는 데에 있다. 그러기 위해서는 너무 빨리 마셔서도, 느리게 마셔서도 안 되고, 너무 나대도, 너무 고독해서도 안 되며, 결정적으로 너무 취해서도 안 된다.

이렇게 계속해서 노력한다면 언젠가 나는 세상에

서 술을 가장 적절히 잘 마시는 사람이 될 수 있지 않을까? 술을 딱 좋게, 적당히 마시는 것으로 세상을 깜짝 놀라게 하고 싶다.

연애 역시 잘해야 하는 것들의 연속이다. 첫만남을 어디서 할지부터 단추를 잘 꿰어야 한다. 처음에 차, 밥, 술 중 뭘 먹으며 만날지에 따라 관계의 포물선이 완전히 다르게 그려질 수도 있다. 관계에 생명력을 불어넣어 줄 수 있는 장소와 시간을 골라야 한다. 큰 나무를 작은 화분에 심으면 죽는 것처럼, 첫눈에 열정이 불타는 사람들이 카페에서 차 한 잔만 했다면 연애는 시작되지 않는다. 반대로 서로에게 돋보기를 겨누고 알아가야 할 사람들이 클럽에서 만났다면 그 역시 잘못이다.

친구들보다 조금 늦은 이십대 후반에야 연애를 시작했는데 하루하루가 교습이었다. 하농을 연습하듯 어떤 문자를 보낼지 연습했다. 연애에 대한 책을 읽고 심지어 유튜브로 연애 심리 전문가의 영상도 보았다. 내가 너무 성급한가? 내가 너무 적극적인가? 나의 애착 유형이 불안형인가? 나의 고통은 그 사람이 내게 고통을 주도록 내버려둔 나의 잘못인가?

어느 날 애인과 아침을 먹는데 나도 모르게 전날 했던 말싸움을 복기하며 배울 점을 찾고 있었다. 애인은 내게 정색하며 말했다.

"넌 무슨 만사에 교훈이 없으면 죽니? 그냥 너랑 나랑 짜쳐서 싸운 거 아냐."

나는 마음속으로 항변했다.

'아니, 더 잘하려고 그러지. 채점하고 복습해서 나아져야 할 거 아니니. 이대로라면 이게 다 무슨 소용이야.'

다시 말하지만 내가 연애에 대해 책을 쓸 수 있는 사람으로 컸는지는 잘 모르겠다.

10년 전, 소설 쓰기를 배울 때 나는 코엔 교수에게 이렇게 물었다.

"왜 글을 계속 쓰라고 하는 건가요? 세상에는 잘 쓴 글이 이미 너무 많아서 의욕이 안 나요."

코엔 교수는 이렇게 대답했다.

"나는 매일 아침에 점심 샌드위치 도시락을 쌉니다. 이 샌드위치가 세상에서 제일 맛있는 샌드위치가 아닌데 어떡하나 하는 생각이 들 때도 있습니다. 하지만 그렇게 따지면, 샌드위치를 싸느니 자살을 하는 편이 낫겠죠."

부모님 집 이삿날, 피아노를 가져갈 중고 거래자를 기다리는 동안 마지막으로 엄마가 좋아하는 곡 몇 곡을 쳐드렸다. 엄마도 나와 사실은 성격이 비슷해서, 이 중고 거래가 좋은 조건이 아닐지도 모른다는 생각에 불안해하고 있었다. 신청곡 몇 곡을 치고 나니 우리 둘 다 조금 마음이 편해졌다. 평생 피아노를 치고 있었지만, 즐겁다는 생각이 손가락에서 머리까지 도달하기 전에 언제나 옆으로 치워버렸나 보다. 피아노로 세상을 깜짝 놀래킬 원대한 계획이 없는 사람이 내 피아노를 가져도 된다.

괜찮다.

유학생이 되었다
강남역 하바나몽키에서
나는

뉴욕으로 떠나기 직전 여름. 나는 꿈이 이루어졌음에 너무나 흥분한 나머지 지나가는 사람을 붙잡고 말하고 싶은 심정이었다.

"저 뉴욕 가요. 뉴욕이요. 뉴욕으로 유학을 가요."

고작 반년 된 꿈이었다. 여러 학교에 지원하면서 어느 학교가 어느 동네에 있는지는 크게 신경 쓰지 못했다. 다들 하는 것처럼 대학 순위를 보고, 내 성적을 보고, 다시 대학 순위를 보고 하면서 분수에 맞는 학교를 골라 지원했을 뿐이었다. 원래는 쓸 생각이 없었던 학교 한 곳이 다른 곳에 비해 늦게까지 원서를 받는 것을 알고, 뒤늦게 별생각 없이 추가로 넣어놓았다. 지원을 해놓고 나서야 그 학교가 뉴욕에 있는 만큼 나는 뉴욕에서 이십대를 보낼 수 있고, 뉴욕 사람들을 만날 수 있고, 나 역시 뉴요커가 될 수 있다와 같은 막연한 생각들이 막연한 꼬리에 막연한 꼬리를 물었다. 뉴욕에 사는 유명인을 검색하고 뉴욕을 배경으로 한 영화를 찾아보기 시작했다. 불과 몇 주 사이에 나는 뉴욕에 가지 않으면 곧 죽을 사람처럼 되어 있었다.

합격한 학교 중에는 더 좋은 곳도 있었지만 그런 건 내게 상관이 없었다. 물론 장학회에서는 순위가 더 높은 학교를 갔으면 한다고 권고했다. 그래서 나는 내가 왜 뉴욕에 가야 하는지에 대한 세 쪽짜리 편지를 써서 보냈다. 글이 술술 나왔다. 우여곡절 끝에 뉴욕행이 확정되었을 무렵 나는 평생 이걸 꿈꿔온 사람이었다.

나와 같은 꿈을 꾸고, 같은 결정을 한 사람들이 누군지 궁금했다. 당시는 학부 유학을 가려는 사람이 많아지던 시절이었고 그 대학은 외국인 입학생 수가 많은 편이었기 때문에, 한국에서 같이 갈 사람들만 해도 꽤 되는 것으로 알고 있었다. 그들을 만날 기회는 생각보다 빨리 찾아왔다. 이미 학교 생활을 하고 있는 선배들이 여름 방학을 맞아 귀국한 동안 강남에서 미리 신입생 환영회를 연다는 소식. 심지어 그날은 내 열아홉 번째 생일날이었다.

어떤 사람들일까? 〈페임〉(Fame)에 나오는 것처럼 무용이나 음악을 하는 애들도 있을까? 아니면 〈렌트〉(Rent)를 보면서 젊고 가난한 예술가들의 삶으로부터 용기를 얻었던 애들은? 〈티파니에서 아침을〉을 보면서…….

강남역은 여름 방학이 되면 귀국한 유학생들의 약속장소 1순위가 된다. 일단 유학생 중 강남 출신이 워낙 많고, 나처럼 서울 밖에 살더라도 강남역이 그나마 교통이 편리한 경우가 많으니 반대할 이유가 없었다. 카페, 주점, 클럽은 한 건물 건너 하나꼴로 있고 물담배 바나 칵테일 라운지 같은 곳들까지 있으니 고등학교 갓 졸업한 예비 유학생들에게는 눈이 휘둥그레지는 신세계였다.

지금은 없어졌지만 당시 지오다노 뒷길에 '하바나

몽키'라는 이름의 6백 명 이상 수용 가능한 주점이 있었다. 강남역 몇번 출구로 쭉 오다가 지오다노에서 왼쪽으로 하면 설명이 끝났다. 하바나몽키는 모든 불이 파랬다. 패밀리 레스토랑처럼 소파 의자로 된 테이블이 벽을 두르고 있고, 중앙 홀에는 가벼워서 쉽게 헤쳐 모여로 8인, 12인, 20인 테이블도 뚝딱 만들 수 있는 식탁과 의자들이 있었다. 까만 바닥은 언제나 방금 물걸레질한 듯 젖어 있었다. 자리를 잡자마자 8절지만 한 코팅 메뉴가 긴급히 주어졌다. 대강 끓인 조개탕, 튀김과 소시지를 모은 모듬 안주, 먹어도 줄지 않는 누룽지탕 같은 그런 안주들. 빠르게 같이 취할 수 있게 럼과 카프리선이 주재료인 것으로 추정되는 대형 펀치를 시킬 수도 있었다.

그날 모인 신입생은 열 명 남짓이었다. 신입생보다 선배들이 좀 더 많이 왔다. 신입생 중에는 여자가 조금 더 많았고 선배들은 남자가 훨씬 많았다. 그들은 어떻게 섞어 앉는 것이 가장 좋을지에 관해 족히 10분을 토론했다. 신입생 중 몇몇 애들이 이미 그들 눈에 들었던 것인지, 그들은 어느 테이블에 앉고 싶은지에 관한 뚜렷한 의사를 갖고 있는 것 같았다.

겨우 자리가 결정되고 돌아가면서 인사를 나누었다. 내가 구체적으로 어떤 사람들을 상상했던 것은 아니지만, 나와 같은 결정을 한 사람들이라는 동질감은 잘 느껴지지 않았다. 나를 포함한 신입생들은 하나같이 어색하고 평범했다. 너무 과하게 꾸민 여자애와 하나도 꾸미지 않은 여자애는 서로 할 얘기를 찾지 못하고 조용히 맥주잔을 입에 대었다 내려놓았다 했다. 우리 테이블에는 유독 활달한 남자애가 하나 있었는데, 자기는 뉴욕에 갈 준비를 마쳤다면서 오늘 동대문에서 샀다는 색깔별 '아이 러브 뉴욕' 티셔츠를 꺼내서 보여주고 있었다.

> "이건 하얀색. 이건 파란색. 이건 핑크색. 쫌 너무 핑크긴 한데! 그래도 과감하게 입고 싶을 때가 있잖아요. 나만 그런가? 막이래. 하하하……. 이건 주황색."

놀랍게도 선배라는 이들은 더 심했다. 하나같이 근원을 알고 싶지 않은 겉멋을 뿜어내고 있었다. 한 선배는 다른 선배를 소개하면서 백인 여자만 만나는 쓰레기라고 말했다. 한 선배는 이 건물 지하에 있는 클럽 주인이 얼마 전에 자살한 탤런트 아무개라는 얘기를 하고 있었다. 한 선배는 잊을 만하면 금장 시계를 찬 손을 돌려 시간을 확인했다.

떠나야 할 때를 알고 박차고 나온 술자리가 있는가 하면 때를 놓쳐버린 술자리가 있다. 이날은 후자였다. 생일날 이런 자리에 이런 사람들과 하나로 묶여 있다는 사실이 싫어서 마셨다. 나와 비슷할 거라 생각하진 않았지만 통하는 얘기를 할 수는 있을 거라 기대했던 사람들이 이렇다는 실망. 그리고 나도 1년 뒤엔 이렇게 된다는 것인가 하는 공포가 밀려올 때마다 한 잔씩 비웠다. 설상가상으로 각자 생일이 언제인지 돌아가며 얘기하는 시간이 왔다. 다름 아닌 오늘이 내 생일임을 알게 된 선배들은 내 앞으로 럼과 소주와 황도 국물과 오뎅탕과 케첩 등을 충분히 넣은 생일주를 배달해주었다. 나는 그걸 쭉 들이켜고 몇 초 뒤에 화장실로 직행했다. 하지만 미처 화장실 문을 열기도 전에 그 자리에서 입은 옷에 마신 걸 전부 토하고 말았다.

하바나몽키 직원들은 이런 일엔 이골이 난 듯 능숙하게 대걸레를 가져와 바닥을 밀었다. 뉴욕에 갈 준비를 마쳤다는 그 친구가 고맙게도 주황색 동대문 아이 러브 뉴욕 티셔츠를 건넸다.

모든 걸 잃고 아이 러브 뉴욕을 입고 집으로 돌아오는 심야 광역버스 속에서 나는 앞으로의 유학 생활은 어떻게든 유학생이 되지 않는 방식으로 해야겠다고 부질없는 맹세를 했다.

핸드백을 만났다

나는

뉴욕에 가면서 결심했다. 완전히 새로운 사람으로 살기로. 문제는 어떤 사람이 될지 정한 게 없었다는 것이다. 당연히 같은 사람으로 계속 살아졌다.

학교에서는 친구를 사귀었다. 착하고 순진한 친구들이었다. 뉴욕에서 나고 자란 친구도, 중서부 시골에서 올라온 친구도, 인도에서 유학 온 친구도 있었다. 백인도 있고 흑인도 있고 라티노도 있었다. 게이도 있고 레즈비언도 있고 트랜스젠더도 있었다. 내가 당시에 상상할 수 있는 모든 종류였다. 일부러 그렇게 캐스팅한 교육방송 같았다.

하바나몽키 사건 이후로 한국 사람들과는 교류하지 않기로 단단히 마음을 먹었지만 몇 달이 지나니 외로워졌다. 미국 친구들과의 대화는 항상 영어 공부 아니면 미국 문화 공부를 겸했기 때문에 편하지 않았다. 퀴어 친구들은 다들 이미 한참 전에 자신이 어떤 사람인지 다 정한 것 같아서 그들이 부러울 뿐 참조할 수 없었다.

스마트폰 이전의 세상이었으므로 인터넷 커뮤니티에 들어갔다. 가입하고 눈에 띈 '우리동네' 게시판. 전세계에 퍼져 있는 한인 게이들이 서로를 찾고 있었다. 혹시나 하는 마음에 뉴욕으로 검색했다. 불과 며칠 전에 누군가 올려놓은 글이 보였다.

20살입니다. 타지생활 하는데 힘드네여.

친구할 분 구합니다. 잘 되면 연애도.

우리는 유니언 스퀘어에서 만났다. 지하철 출구에서 나를 기다리는 그를 곧장 알아볼 수 있었다. 그는 유행하는 바가지 머리를 하고, 좀 과해 보이는 스키니진을 입고, 약간 부담스러운 향수를 뿌린 것 같았다. 솔직히 말하면 비비크림을 너무 많이 발라서 얼굴이 케이크 같았다. 그는 날 오랜만에 만난 친구처럼 살갑게 대했다.

"어머, 나 너 본 적 있는 거 같애 우리 카페에서. 아, 나 카페 알바 하잖아. 와본 적 없다구? 그래? 이상하다 분명히 본 거 같은데."

나는 인터넷으로 미리 찾아두었던 괜찮은 레스토랑으로 그를 데리고 갔다. 자리를 잡고 식사를 주문한 다음 본격적으로 자기소개를 했다. 나부터.

"반가워. 난 경기도 안양 출신이구, 작년에 유학 왔구, ○○ 대학 다녀."

"응 반가워! 유학생이구나? 그런 거 같았어. 난 유학생은 아니구 어떻게 하다 보니까 이민 와서 여기서 일도 하고 공부도 하면서 살고 있어. 내년에 디자인 스쿨 가려고 준비 중이야."

어떻게 이민을 오게 됐냐고 물었더니 그는 2, 3년 전에 왔는데 어떻게 왔는지는 더 친해지면 알려주겠다고 했다. 그는 내게 여기서 남자는 만나봤냐, 어디 있는 어느 클럽에는 가봤냐 하는 질문을 몇 개 했지만 내 답이 시원치 않았는지 이내 자기 얘기에 전념했다.

"난 핸드백 디자이너 준비하고 있거든. 퀴즈 하나

낼까? 세상에서 제일 비싼 핸드백이 뭐게?"

"글쎄?"

"모르겠지? 내가 알려줄게. 긴자 다나카가 만든 에
르메스 버킨백이야. 20억 정도 해."

"아 그렇구나……."

식사가 끝났다. 나는 아직 8시밖에 안 됐는데 무슨
핑계를 대야 헤어질 수 있을까 고민하고 있었다.

"케이타운 갈까?"

핸드백이 물었다.

"아는 형이 하는 바가 있어."

그가 이끄는 대로 따라갔다. 좀 궁금하긴 했다. 이
모든 게 처음이었다. 한인 게이 친구를 만난 것도 처음
이고, 케이타운에 있는 바를 가보는 것도 처음이었다.
너무 이른 시간이라 바텐더밖에 없었다. 핸드백은 잘
아는 사이인 듯 인사를 건넸다.

"친구랑 잠깐만 놀다 갈게요. 재떨이랑 참이슬 하
나만 주세요."

핸드백은 마치 자기 집 안방처럼 방 하나를 열고
들어갔다. 중학교 때 다니던 집 앞 노래방 4인실만 한
룸이었다. 가라오케 기계가 한국어·영어·일본어·중국
어로 정신 사납게 인사를 걸어왔다. 잠시 후 거의 언 것
처럼 찬 소주 한 병이 아이스 버킷에 담겨 근사하게 서
빙되었다. 그는 한 잔을 따라 나에게 주고 자기 잔도 직
접 따랐다.

"뉴욕은 소주가 졸라 비싼데 여기가 그나마 싼 거야. 여기 주인 형이 나랑 한국에서 같이 넘어왔어. 원래 뉴욕에 아는 사람들이 좀 있는 형이었는데 와서 이런 거 열겠다길래 나도 따라가겠다고 졸라서 왔지. 초창기 땐 형한테 얹혀살고 도움 많이 받았어. 지금은 애인은 아니고."

내게 준 한 잔을 뺀 나머지 여섯 잔 반을 그가 마시는 동안 주절주절 늘어놓은 얘기를 짜맞춰보니, 핸드백은 한국에서 일찍 가족에게 들키고 난 뒤 집을 나와 애인과 동거하다가 함께 이민을 온 것이었다.

"여기 아니었더라도 그 사람 가는 데로 따라갔을 거야. 근데 나 원래 패션에 관심이 있었거든. 그니까 여기 온 게 딱이지. 처음엔 엄마랑 이모가 돈을 좀 보내줬는데 아빠한테 걸려가지고. 그 새끼랑 결혼한 우리 엄마가 불쌍하지. 남편은 똘아인데 자식은 여기 와서 이러고 있지……. 집 앞에 호프집에서 엄마랑 소주 마시면서 아빠 욕하고 그때가 좋았는데. 술 깨려고 개천 걷고 들어가고. 넌 가족들이 모르지?"

"응, 아직."

"아직은 무슨. 야 됐어, 괜히 말하지 말고 그냥 살아. 니네 부모님이 무슨 잘못이니. 유학하면 등록금도 많이 들 텐데."

어쩜 이렇게 앞에 사람을 앉혀만 두고 혼자 잘 마

실 수 있지? 북치고 장구치고 다 하네. 혹시 소주 말고 다른 건 없냐고 물어볼 타이밍은 일찌감치 지났기에, 나는 그가 준 한 잔을 열여섯 모금으로 쪼개 마시며 나와 너무나도 다른데도 어딘가 알 것만 같은 이 친구 넋두리를 졸면서 들었다.

"여기 밖에 홀에 골든벨 있어. 천장에. 봤어? 그거 진짜로 울려. 그거 울리면 여기 손님 전부한테 술 다 사는 거야. 골든벨, 골든벨. 형이 그러는데, 생각보다 자주 울린대. 하룻밤에 천만 원 막 쓰고 가는 애들. 교포도 있고 너처럼 유학생도 있고. 한국에서 그냥 놀러 온 돈 많은 애들도 있고. 나도 한번 봤는데 진짜 쩔더라. 거의 우리 나이. 연예기획사 집 아들이래. 나도 돈 많이 벌어서 언젠가 울릴라고. 그날 와 너도. 다 마셔. 참이슬 이런 거 말고 아무거나 보틀 서비스."

"많이 마셨다. 집에 가자."

핸드백은 더 마시겠다고 고집을 부렸지만, 바텐더가 그의 집 주소를 알려줬다. 택시를 불렀다. 그런 게 있는 줄도 몰랐는데, 한인 택시였다. 핸드백은 심지어 택시 기사와도 아는 사이였다. 그는 창문을 조금 열고는 묻지도 않고 내 무릎을 베고 누웠다.

"친구 하자. 우리 좀 말이 잘 통하는 거 같애."

"응, 그래."

"너 내가 아까 말해준 거 기억해?"

"뭐?"

"세상에서 제일 비싼 핸드백."

"아, 응. 그…… 버킨백?"

"아무 버킨백이 아니야. 긴 자 다 나 카."

"그래, 긴자 다나카."

"너 이거 까먹지 마. 세상에서 제일 비싼 핸드백,
긴자 다나카 에르메스 버킨백……. 근데 내가 디
자이너 되면 나중에 더 비싼 걸 만들거야. 진짜 레
어하고 유니크한. 세상에 하나밖에 없는 걸 만들
어서 패션위크 때 공개할 거야. 그건 팔지는 않을
거야. 우리 엄마 줄 거거든."

연락해, 연락해를 수십 번 하고 헤어졌지만 정작
연락처는 모르는 채였다. 그 후로 그를 한 번도 다시 본
적 없고, 이제는 그의 이름도 얼굴도 기억나지 않는다.
하지만 긴자 다나카가 만든 에르메스 버킨백이 세상에
서 가장 비싼 핸드백이라는 사실만은 잊지 않으려 노력
하고 있다.

나는
스피크이지를
찾아갔다

기숙사를 나와 처음으로 구한 방은 로어 이스트 사이드에 있는 3층짜리 건물이었다. 그래피티와 광고물로 도배돼 있고, 유대인들이 먹는 맛조빵을 만드는 공장과 관리되지 않는 옛 교회 사이에 있다는 점 외에는 별다른 흥미를 끌 이유가 없는 곳이었다. 나는 이탈리아계 미국인 마리오 형제와 3층을 함께 썼고, 다른 세입자는 2층에 사는 한 가족이 전부였다. 이렇게만 건물을 쓰니 뉴욕에 온 이후 처음으로 단란한 기분이 났다.

비록 내 방에 난 창문은 다음 건물 뒤통수로 손바닥만큼만 열려서 아침에 볼 수 있는 풍경은 붉은 벽돌벽뿐이었지만 그래도 좋았다. 애들끼리 싸우면 RA에게 가서 일러바치거나 문 안 잠그고 자위하는 룸메이트 때문에 놀랄 일 천지에다가, 우울을 견디지 못해 툭하면 창문 밖으로 몸을 던지는 학생이 생기는 그런 기숙사 생활을 청산한 걸로 만족이었다.

얼마간 살다 보니 밤에 건물 분위기가 심상치 않았다. 우리가 드나드는 현관문과 분리된 옆문이 지하로 통하는데, 보통은 분리수거 전용 쓰레기통이 있어야 할 거기로 자꾸 사람이 드나들었다. 싸구려 스시롤을 사서 넷플릭스 DVD(그런 게 있던 시절이었다)를 보며 즐겁고 고독한 금요일 밤을 보내려던 참이었던 나는 현관 앞 계단에 스모키 화장을 하고 앉아 담배인지 더 심한 것인지를 피우는 남녀에게 이 밑에 뭐길래 사람이 계속 드나드냐고 물었다.

스피크이지란다. 간판도 없고 들어가려면 그날의 암호를 대야 하는.

스피크이지란 미국 금주령 시대 때 생긴 불법 주점이다. 시끄러우면 발각되니까 살살 얘기하란 뜻이다. 〈보드워크 엠파이어〉를 보면 마피아를 중심으로 한 불법 주류 유통에 비밀스런 스피크이지들이 핵심적인 역할을 한다. 물론 요즘은 인허가 잘 받고 세금 잘 내는 술집들이 옛날 분위기를 내려고 스피크이지라고 이름만 붙인다. 이렇게 간판 없이 숨어서 운영하거나, 실제 술집은 뒤로 감추고 앞을 세탁소나 전당포 따위로 꾸며 비밀스런 기분을 낸다.

스피크이지나 칵테일처럼 지금 우리가 알고 있는 서구 술 문화의 여러 낭만 포인트가 금주령 시절에 발명되었다. 기독교적 엄숙주의와 이민자에 대한 적대감은 독일식 맥주와 아일랜드식 위스키에 취하는 것을 미국인답지 못한 것으로 뒤집어씌웠으나, 금지하는 만큼 매력은 강해졌다. 누군가는 비밀리에 술을 계속 만들고 팔아야 했다.

재미있게도 금주령은 시행되는 데에도, 철폐되는 데에도 여성들이 큰 역할을 했다고 한다. 그 발단에는 부녀자들이 술에 의한 가정 폭력에 저항하며 전국 남자들에게 금주 각서를 받아내고자 했던 노력이 있었다. 특히 캐리 네이션이라는 여성 운동가는 도시마다 돌며 술

파는 살룬 창문을 향해 품에 숨긴 도끼를 던지는 화끈한 방법을 사용하곤 했다. 그런데 막상 금주령이 시작되고 나니 예전과 달리 술이 남자만의 전유물이 아닌, 언더그라운드에서 남녀가 함께 즐기는 문화로 변화해갔다. '립스틱'이라는 가명으로 《뉴요커》에 기고하던 로이스 롱은 짧은 치마를 입고 뉴욕의 스피크이지를 돌며 남자들과 같은 불법적 즐거움을 누리는 글을 연재했다.

내게 금주령 때의 분위기를 가장 잘 전달하는 작품은 트루먼 카포티의 단편 〈크리스마스의 기억〉이다. 카포티 본인이 어렸을 때 기억에 영감을 받아 쓴 이야기인데 일곱 살 남자아이와 육십대의 여자 친척(약간 모자란 사람으로 여겨져 가족에서 열외된)이 주인공이다. 그들은 어려운 형편 속에서도 일 년에 한 번 크리스마스를 앞두고 루즈벨트 대통령처럼 존경하는 사람들에게 보내기 위해 과일 케이크를 만든다. 그 특별한 케이크에 들어가는 재료 중 가장 중요하고 비싼 것이 바로 위스키다.

집안에서 가장 세상 물정을 모르는 둘이지만 나라에서 판매를 금지하고 있는 위스키를 구하려면 어디로 가야 되는지는 정확히 알고 있다. 바로 건넛마을 미스터 하하 존스네 가게. 뺨에 칼자국이 있고 웃음기 없는 원주민 아저씨인데 이름은 하하라는 것 자체가, 팔지 않기로 되어 있는데 순진한 동네 바보들도 파는 곳을 아는 술장사처럼 모순이다. 그들은 어렵사리 구한 위스키로 케이크를 구워 존경하는 사람들에게 보내고 나서, 돈은

다 썼지만 마음만은 충만한 기분을 즐기려고 남은 위스키를 나눠 마시다가 가족들에게 걸려서 혼쭐이 난다.

내 집 지하에 간판도 없는 주점이 있다니. 나만의 미스터 하하 존스네가 생긴 것 같아서 흥분됐다. 담배 피우던 커플에게 마리오 형제가 구워놓은 머핀을 하나씩 선물하고 그날의 암호를 획득했다. 나는 빌린 DVD를 옆으로 치워놓고 건물 지하로의 먼 여정을 준비했다. 대충 까맣게 입고 머리를 만지고 나서 지하로 갔다. 미국 신분증이 없으니 여권을 챙겨서. 케이스까지 끼운 두툼한 여권이 꽉 끼는 바지 주머니에 불룩하게 튀어나온 채로.

"암호?"

"기글 워터!"

"입장."

딱 우리 집 거실만 한 공간 바닥엔 해진 카펫이 깔려 있고 벽을 둘러 의자 몇 개, 바에 의자 몇 개가 전부인 조촐한 공간. 다들 서 있는 분위기였다. 쿨해 보이는 사람들이 방금 들어와 쭈뼛쭈뼛하는 나를 최소한으로 거들떠보았다. 멜빵을 한 쪽만 채운 바텐더에게 맥주 한 잔 달라고 하니 캔 하나를 준다. 뭔가 준비를 더 하고 오픈했어야 하는 거 아닌가 싶은데 그런 말을 하면 분위기를 깨는 거겠지. 어색해하는 건 나 하나뿐인 것 같았다.

모두 합의한 듯 갖춰지지 않은 분위기 속에서 혼자 맥주를 마셨다. 지하에선 전화도 터지지 않았다. 화장실 앞에 선 남자에게 "기다리는 중이세요?" 한 마디 말고는 아무와도 말을 섞지 못했다. 결국 캔을 비우기도 전에 밖으로 도망쳐 나오면서 마치 뭔가 일이 있다는 걸 깨달아서 예기치 못하게 나가는 양 연기를 했다. 바로 위가 내 집이었는데도, 왠지 바로 올라가기 민망해서 밤거리를 정처 없이 헤매고 다녔다.

너는 상행선이다

나는 하행선

대학생 때 했던 연애들을 연애라고 부르지는 않고 있다. 그때 입던 옷들을 더는 내 옷이라고 하고 싶지 않은 것과 같다. 그건 옷이라기보다는 슬픔이었기 때문에…….

대학생 때 만났던 사람들은 대부분 나보다 한 살이라도 많았다. 나름 남들보다 정신연령이 높은 것 같다는 웃긴 자존심으로 살아가고 있었기 때문에 한 살이라도 더 먹은 남자가 낫겠다고 생각한 듯하다. 하지만 뮤지컬 동아리 오디션을 보는 것이나 화요일마다 디저트를 공짜로 주는 식당에 가는 것 등이 주요 관심사였던 당시의 나에게는 이케아가 아닌 브랜드 매트리스가 있는 사람 정도면 대단한 어른으로 느껴졌다.

그러나 형들과의 만남은 세 번을 넘기는 적이 드물었다. 나보다 더 많은 걸 보고 경험해봤다는 것에 매력을 느꼈으면서도, 내게 뭔가를 자꾸 가르치려 들 때마다 정이 뚝뚝 떨어졌다.

나보다 먼저 우리 학과 젠더학 수업을 들어본 남자는 내게 누구누구 교수는 젠더를 추상적인 관념으로만 다루기 때문에 걸러야 한다며 혀를 찼다(그는 시스젠더 백인 남성이었다).

나보다 먼저 페르 세 레스토랑에 가본 남자는 거긴 이제 프렌치 맛을 잘 모르는 아시아 관광객들만 가는 테마파크 같은 곳이라고 했다(그는 동양인 이민자 2세였다).

나보다 먼저 트라이베카 영화제에 가본 남자는 올해는 볼만한 영화가 하나도 없으니 그 시간에 필름포럼에서 하는 누구누구 회고전을 보라고 했다(그는 영화과 4학년 학생이었다).

　한동안 그렇고 그런 형들의 가르침에 시달리다 보니 차라리 아무것도 모르는 사람이 낫겠다는 생각이 들었다. 결국 맨해튼 스카이라인을 배경으로 한 로맨틱 코미디 같은 연애 따위는 해보지 못한 채로 대학 생활은 끝났고, 나는 직장 때문에 뉴욕에서 한 시간 반 떨어진 뉴브런즈윅으로 이사를 했다. 뉴브런즈윅은 존슨앤존슨사의 헤드쿼터와 럿거스 캠퍼스가 있다는 점 말고는 아무런 얘깃거리가 없는 지루한 소도시였다. 모든 음식을 똑같은 제육 양념에 버무려 주는 한국 식당이 딱 한 곳 있고, 거리를 오가는 사람의 절반은 서로 아는 사이였다. 낮에는 정겨운 구석이 있었지만 밤에는 고독이 몸부림쳤다.

　자극이 되는 것들에 둘러싸여 지냈던 뉴욕을 떠나 기차 지나가는 소리 말고는 딱히 뭐가 없는 곳에서 몇 달을 살다 보니 외로워졌다. 때마침 새로 나온 데이팅 앱을 깔고 주변에 있는 사람들과 매칭을 시도하는 것이 새로운 취미가 되었다. 반경 1킬로미터, 10킬로미터, 50킬로미터…… 기준은 점점 관대해졌다. 몇 주 동안 영양가 없는 '헬로우'와 '하우 아 유' 외에 이렇다 할 거리가 없었다가 어느날 새로 매치가 떴다. 마르코. 22세. 부시시한 금발에 갈색 눈. 호리호리한 체형. 젤라또와 알모도바르 영화를 좋아함. 나와 78킬로미터 떨어져 있음.

78킬로미터?

마르코는 필라델피아 외곽에 있는 부모님 댁에 사는 학생이었다. 큰 입으로 웃을 때 예뻤고, 나와 음악 취향이 비슷해서 적당히 할 얘기도 있었으며, 지금 우리가 뉴욕 한복판에 살고 있지 않은 게 세상 불공평하다고 생각하는 점이 같았다. 우리의 중간 지점을 찾아보니 '레비타운'이라는 기차역이 나왔다. 레비타운의 인적 드문 버거킹에서 우리는 만났고, 와퍼 주니어 세트를 하나씩 먹으면서 서로 78킬로미터 떨어져 있기는 하지만 한번 천천히 알아가 보기로 했다.

22살 마르코는 나보다 세 살 동생이었다. 대학생 때 만나고 실망했던 형들 자리에 내가 들어가는 것 같아서 기분이 이상했다. 처음으로 나보다 이것저것에 대해 덜 알고 이런저런 경험이 적은 사람을 사귀게 된 것이었다.

마르코는 22살 때 내가 만났던 형들이 그랬던 것처럼 내가 '존경받는' 유럽 영화 감독과 '알아주는' 뉴욕의 서드 웨이브 카페와 '깨어 있는' 정치사회적 담론에 관해 가르쳐주기를 기대했다. 그는 자기가 새롭게 발견한 것들을 매주 가져왔고, 그것이 재밌는지 구린지 감별해주는 것이 내 역할이었다(세상의 모든 것을 '재밌는 것'과 '구린 것'으로 마구잡이로 나누는 것이 '비평'이라고 생각하던 유치한 사람들의 어휘를 나도 공유하고 있었다).

그는 특히 프랑스 누벨바그 영화들을 한 주에 하나씩 보고 와서 내게 감상을 공유했는데 나는 누벨바그 영화라면 너무 지겹도록 보고, 토론하고, 사랑하고, 미워한 나머지 더는 생각하고 싶지 않았다. 대화를 하다 보면 나도 모르게 예전에 내게 그랬던 형들처럼 그런 건 이제 좋아할 만하지 않다고 설명하고 있었다.

잠깐 어디에 살았다는 경험, 누군가에게 주워들었을 뿐인 견해, 철저하게 주입된 취향. 고작 그런 것들로 나보다 조금 어린 사람의 하트뽕뽕한 눈빛을 받을 수 있다는 것이 처음에는 횡재처럼 느껴졌지만, 금방 죄책감과 지루함이 밀려왔다. 뭘 가르치려 드는 사람이 싫었던 만큼 뭘 자꾸 가르치게 되는 것도 즐겁지 않았다. 그러다 보니 점점 만나는 날이 신나지 않아졌고, 연락은 뜸해졌고, 78킬로미터는 너무나도 멀게 느껴졌다.

헤어지기로 한 날 저녁에도 레비타운 기차역에서 만났다. 동네 중국집에서 밥을 먹고 그동안 즐거웠던 기억들을 한두 개씩 얘기했다. 너무 늦으면 각자 기차를 놓칠 수도 있어서 일찌감치 기차역에 가 있기로 했다. 주변에는 텅 빈 주차장, 그리고 하루에 손님이 한 명이라도 오기는 하는지 의심되는 슈퍼 하나밖에 없었다. 기차역에 앉아서 우리는 각자의 퇴장 시간을 기다렸다.

마르코가 말했다.

"서로가 아니었으면 평생 여기 와볼 일도 없었겠지?"

그러고 보니 저 슈퍼 역시 78킬로미터 떨어진 연인들이 서로를 만나기 위해 올 때 말고는 손님이 없지 않을까? 왠지 그래야 할 것 같아서 그 슈퍼에서 아리조나 아이스티 하나와 낱개 포장된 도넛 하나를 사서 나눠 먹었다.

"오래된 한국 노래 가사에 그런 부분이 있어. 너는 상행선, 나는 하행선."

나는 마르코에게 마지막으로 설명을 하고 있었다. 유럽 영화 감독 중 누가 제일인지, 뉴욕 맛집 중 어디가 별로인지에 대해서는 가르치고 싶지 않았지만 왠지 그에게 듣도 보도 못 했을 한국 트로트 명곡 하나를 가르쳐주는 일은 보람되게 느껴졌다. 마르코는 나더러 한 번 불러달라고 했다.

차표 한 장 손에 쥐고 떠나야 하네
예정된 시간표대로 떠나야 하네
너는 상행선 나는 하행선
열차에 몸을 실었다

마르코는 정말 그 노래가 좋게 들렸던 것인지 그냥 기분에 취했던 것인지는 모르지만 곡명과 가수명을 메모했다. 송…대…관…차표…한 장…….

"뭘 굳이 메모까지 하니? 딱히 알아야 할 노래는 아니었지만 우리 상황 같아서 생각났어."

그는 나중에 꼭 들어보겠다고 했다. 필라델피아 외곽에 사는 마르코란 아이가 송대관의 〈차표 한 장〉을 정말 찾아 들어보았을까나. 나는 요즘도 가끔 듣는데…….

나는 빈 잔을 마셨다

한국을 떠나 있던 시간 덕분에 소주를 꼭 마셔야 하는 상황은 남들보다 적었던 것 같다. 감사하게 생각한다. '소주 극혐'으로 구글에 검색하면 825,000여 개 결과가 나온다. 소주는 화학약품 맛이 나는 저급한 술이라는 말. 진짜 증류 소주는 그렇지 않다는 말. 맛보다 분위기로 먹는 거라는 말. 잘 어울리는 음식이 따로 있다는 말. 소주 맛 모르는 건 인생의 쓴맛을 못 봐서 그렇다는 말. 열흘 중 닷새는 쓰고 닷새는 달아서 인생 같다는 말. 그런 말 자체가 더 극혐이라는 말……

한국 사람에게 소주란 술 그 자체다. 한국 남자라면 더더욱 그러하다. 임창정이 〈소주 한 잔〉을 부르지 〈술 한 잔〉을 부를 수 없다. 다른 모 가수는 "우리가 소주를 버릴지언정 소주는 우리를 버리지 않는다"는 실로 귀담아 들을 필요가 없는 말을 남겼다.

한국을 홍상수 영화로 배운 내 미국 시네필 친구들은 나더러 정말 한국에서는 소주를 저렇게 물 먹듯 먹냐고 물어본다. 나도 사실 홍상수 영화를 미국 아트하우스 영화관에서 처음 보았을 뿐, 정말 한국에서 저러는지는 자신 있게 답할 수 없었다. 하지만 상식에 의거해 답변했다.

"아니지, 저건 영화야. 어떻게 사람들이 저렇게까지 밤낮으로 소주를 먹겠어."

그런데 한국에 들어와 문화예술 쪽 일하는 친구들에게 물어보니 홍상수 영화는 소주 냄새가 너무 나서 못 본다고 하는 것이 아닌가. 리얼이라고? 재미를 위해 소주 냄새를 첨가한 게 아니고?

"넌 미국에 있어서 몰랐겠지만 저건 다큐야."

국민 술인 소주의 꽃말은 '네가 안 마시면 내가 뭐가 되니'이기에, 어떻게 하면 잘 마실까 보다도 어떻게 하면 덜 마실까 고민하게 되는 술이기도 하다. 분위기를 맞추는 척하면서 막상 술은 마시지 않는 법을 알려주는 글도 많이 올라와 있다. 해장국집 뼈 통이나 얼음 통에 버리라는 팁. 입에 넣었다가 물컵에 뱉으라는 팁. 건배할 때 최대한 세게 해서 다 흘려버리라는 팁 등.

사실 알콜 섭취보다는 분위기가 중요하다고 할 때 소주 문화의 본질도 병 속에 든 음료보다도 병과 잔의 형태, 그리고 마시는 방식에 있다. 소주잔은 꽤나 완성도 높고 독자적인 물성을 지니고 있다. 공손히 권할 때에 특유의 위아래 확실한 손모양을 만들어주고, 털어넣을 때 손목을 꺾게끔 하고, 식탁에 내리치거나 털어도 잘 깨지거나 미끄러지지 않는다. 소주병 역시 모양이 좋다. 충분히 가벼워 병나발을 불기 쉽고, 한 손으로도 편하게 따를 수 있기 때문에 굳이 두 손으로 따를 때 그만큼 유난스러워 보이는 효과를 낸다.

남진이 〈빈 잔〉을 부를 때 노래를 소리로만 부르는 게 아니라 손짓으로도 부른다는 점을 강조하고 싶다.

"어엇짧히 이인생은 빈 술잔 들고 취하는 것."

이 대목에서 관객과 눈을 맞추고, 보이지 않는 소주잔을 탁 꺾어주는 것이다. 〈나야 나〉에서도 마찬가지. "나 한 잔, 자네 한 잔 권커니" 하는 구절에서 세상 모든 권세가 다 들어 있는 잔을 선사하는 것처럼 넓게 팔을 펴 드는 것이 포인트다(〈빈 잔〉은 서문탁, 〈나야 나〉는 문주란의 리메이크 버전도 훌륭하다).

몇 년 전 애인과 동네에서 늦게까지 소주를 마신 적이 있다. 당연히 내 선택은 아니었지만, 애인이 한창 그 인생의 쓴맛이란 것을 보고 있던 때여서 소주로 가기로 했다. 위로하면서 한 잔 두 잔 마시다 보니 꽤 취하고 말았다. 애인은 얼마 전 닥쳐온 심각한 상황에 대해 한참을 얘기했다. 벌써 세 병째. 나는 술을 한 잔씩 따라놓고 분위기를 정리했다.

"네가 보통 애냐. 어떻게든 헤쳐나갈 길을 찾을 거야. 안 그래? 건배!"

건배하고 하던 얘기를 마무리한 애인. 내가 다음 잔을 따르려고 하자 손목을 잡았다.

"됐어, 그만 마셔."

"왜?"

"너 방금 술 버렸잖아."

이럴수가! 사실이었다. 무의식적으로 건배한 소주잔을 테이블 밑에 버렸음을 깨달았다. 얼굴이 화끈거렸다. 회식 자리도 아니고, 힘든 일 겪는 애인과 마시다가 술을 버리다니 이게 무슨 한심한 짓이란 말인가. 나에게 이미 소주 알레르기가 생겨버린 것일까? 남진 말대로 인생은 빈 술잔 들고 취하는 것이라는 변명으로 한번만 그냥 넘어갈 수 없을까.

계 속 걸을 작정이다

나는

걷는 것이 좋다. 연애할 때 걷는 것은 더욱 좋다. 연애가 잘 안 될 때에 혼자 걷는 것은 더더욱 좋다. 어디로든 걷고만 싶다. 어디든 좋다.

　오늘도 집 밖을 나가야 할 필요는 없었다. 이미 오후 5시가 넘었는데 양재꽃시장 가는 버스를 탔다. 도착하면 6시, 닫는 시간은 7시인데도. 어디든 가야 한다는 생각뿐이었다. 얼마 전 끝난 연애가 곳곳에 밴 집에 머물고 싶지 않았다.

　어디론가 가는 중에는 마음이 제자리를 찾고 몸이 편해진다. 아예 새로운 곳에 도착하면 뭐라도 달라질 것이다. 이미 가본 곳으로 돌아간다면 그간 내가 얼마나 달라졌는지 알 수 있게 될 것이다. 일단 가고 보는 것은 불안을 다스리기 위한 처방이다.

　어디로 가고 있지 않을 때에는 언짢다. 관계도 그렇다. 이 관계가 깊어지고 있는지, 흥미로운 방식으로 재밌어지고 있는지 확인하고 싶고, 증거가 없다면 그렇게 상상하고 싶다.

　"우리 어디로 가는 거야?"

　연인에게 듣기 싫은 질문에 속한다. 목적지가 어디냐는 물음에는 강박이 깔려 있다. 강박은 매력을 좀먹는다.

　양재꽃시장 비닐하우스.

　문틈 사이로 거의 다 진 태양이 붉은빛을 찌르고

107

있었다. 비싼 꽃들은 흉했고, 흔한 꽃들은 아름다웠다. 쇠해서 구석에 박힌 화분들은 끝내줬다. 나는 천장에 거는 화분에 든, 사방으로 적당히 긴 이파리가 뻗쳐 있는 식물을 하나 사면서 이름이 뭔지 세 번을 물어보고 끝내 잊어버렸다.

"얘는 계속 키우면 이파리가 길어지나요?"

"아뇨, 더 길진 않고 그냥 잎이 촘촘해져요."

"그것도 좋겠네."

어디로 가는지는 사실 크게 중요하지 않다. 단지 물을 주고 볕을 준 데에 보상이 있다는 것이 중요하다. 글쓰기를 배울 때에도 그렇게 배웠다. 해피 엔딩 새드 엔딩이 중요한 게 아니고, 다만 항상 진전시켜야 한다고. 전통적인 내러티브를 파괴하는 작품을 다루는 수업을 들을 때에도 내러티브가 아닌 무언가, 그게 형식이건 감정이건 간에, 무언가는 반드시 진전되어야 한다고 했다. 심지어 전 페이지가 이 페이지와 정확히 똑같은 내용일지라도 그 반복은 읽는 이의 마음속에서 어제와 오늘이 다르다는 데에서 기인한 진전을 일으킨다. 어디로든 가기는 가야 한다.

어디론가 가기 좋은 상태를 유지하기 위해 기차역이나 공항 근처에 살았다. 역전에 살면 늘상 도시가 사람을 이리저리 뒤섞고 있는 것이 보인다. 어제 네가 있던 자리에 내가 가고 내가 있던 자리에 네가 온대도 무

의미하지 않다. 자리가 바뀌고, 또 반 바퀴 돌아 다시 제자리로 돌아오는 동안 완전히 새로운 사람들이 되어 다시 만난다.

환이와 헤어지던 날. 엄습한 예감 때문에 무작정 집을 나와 걷다가, 걷는 걸로도 안 되겠다 싶어서 1호선을 타고 의정부에서 내려 더더욱 북쪽으로 걸었다. 평소에 갈 일 없는 낯선 동네를 비 맞으며 세 시간인가 청승청승 걷다 보니 결국 끝내자는 문자가 왔고, 나는 안도했다. 안양 이별 문자가 의정부로도 재깍 온다는 것이 반갑고 웃겼다. 연애는 끝났지만 나는 오늘 계속 걸을 작정이고, 집에 도착할 때쯤이면 내게 밴 이 알싸한 냄새도 빠져 있겠지.

얼굴이 빨개진다

나는

일전에 한 숙취해소제 브랜드가 해외 진출을 준비하면서 영문 웹사이트를 만들 때 자문을 해준 적이 있다. 확실한 제조 포뮬러를 보유하고 국내엔 충성 고객도 있는 브랜드였다. 유럽과 미국에 진출한다고 해서 현지 브랜딩이 나왔냐고 물어보니 이름은 한국어 이름 그대로 간다고 했다.

"한국어 이름이 어려울 텐데 그냥 가도 되겠어요?"

"네, 그게 전략이에요. 요즘은 한국 숙취해소제가 해외에서 인기가 많거든요."

실제로 찾아보니 최근에 미국에서 내 또래쯤 되는 한국인 사업가가 헛개 숙취 음료를 론칭해 좋은 반응을 얻은 사례도 있었다.

스무 살 적 미국에서 친구들과 술을 마시고 사진을 찍었는데 나 혼자만 얼굴이 시뻘겠다. 백인, 흑인, 인도인 친구 모두 나보다 훨씬 더 많이 마셨는데도 평소의 피부색을 유지하고 있고 나 혼자만 코가 삐뚤어지게 마신 사람처럼 나왔다. 분해서 더 빨개졌다.

아시안 글로우(Asian glow) 또는 플러시(flush)라고 하는 이것은 동아시아인들에게서 주로 나타나는 특징이다. 나는 한 잔만 마셔도 금세 불그스름해진다. 아빠를 그대로 닮았는데 유전이니 당연하다. 체내에 알코올을 분해하는 알데히드 분해 효소가 부족하거나 제 기능을 못 해서 그런 거라고 들었다. 조금만 마셔도 거나하

113

게 취한 것처럼 보여서 원하지 않는 술을 사양할 때 좋기는 하지만, 자유로운 분위기에서 맥주나 칵테일을 각자 한 잔씩 하는데 마치 나 혼자만 부장님 잔을 받아 연거푸 마신 얼굴처럼 보여 싫기도 했다. 70년대 백인들도 우리처럼 안면홍조가 심했더라면 〈매드 맨〉에서처럼 시도 때도 없이 술을 마시면서 일을 하는 둥 마는 둥 할 수는 없었을 것이다. '고기능 알코올중독자'(high-functioning alcoholic)라며 술을 마셔도 사회적 기능은 문제 없이 해내는 사람들을 은근히 선망하는 문화도 없었을 것이다. 혼자 시뻘겠을 테니…….

궁여지책으로 술자리에서 사진에 찍히지 않기 위해 사진사 역할을 자처했다. 한동안 친구들 사진을 찍어준다는 핑계로 내 벌건 얼굴이 사진에 담기는 걸 피할 수 있었다. 당시만 해도 술자리에서 찍은 사진들을 페이스북에 줄줄이 태그 걸어 올리는 것이 용납되던 시절이었다.

"동양인이라 차별 같은 건 없니?"

늘 받는 질문이지만 대답은 조금씩 바뀌어왔다. 처음에는 미국에 차별이 심한 곳들이 있지만 내 주변은 아니라고 답했다. 뉴욕의 4년제 대학 커뮤니티 속에서는 그 누구도 직접적인 인종차별 언행을 하지 않았고, 간혹 그런 사람이 생기면 마치 유치원 앞에서 담배 피우는 사람처럼 주변인들에 의해 인간 말종 취급을 응당, 즉각, 틀림없이 받는 듯했다. 비슷한 처지의 유학생들과 탕수

육이 먹고 싶어 죽겠다는 얘기는 해도 '요즘 동양인에 대한 인종차별이 심상치 않아' 같은 대화는 할 일이 없었다. 마음 편한 시절이었다.

파리로 교환학생 비슷한 걸 가게 됐을 때 대답이 바뀌었다. 함께 간 타인종 친구들보다 내 프랑스어가 그나마 들어줄 만했음에도 불구하고 아무도 나에게 먼저 말을 걸지 않았다(물론 친구들도 프랑스어에 섞인 미국 억양을 들키는 즉시 경멸당하곤 했다). 마음씨 좋아 보이는 할머니, 할아버지와 어쩌다 대화를 하게 되면 프랑스어 발음 칭찬과 함께 "자네도 개를 먹나?" 같은 질문을 받았다. 관광객용 식당이 많은 까흐띠에 라땡 쪽을 지나가면 사방에서 곤니치와, 니하오가 쏟아졌다. 짜증 날 때 쏘아붙일 말 위주로 공부하다 보니 내 프랑스어는 자꾸 독해졌다.

그럼에도 불구하고 즐거운 나날이었다. 뉴욕에서는 미국인 친구들 사이에서 나만 이방인이었는데, 파리에서는 처음으로 다 같이 같은 이방인 입장이 되다 보니 똘똘 뭉칠 수 있었던 것이다. 우리는 아무도 가르쳐주지 않아도 파리에서 잘 먹고 잘 노는 방법을 터득했다. 생수보다 싼 와인을 아무 데서나 구할 수 있었고 학교 마당에서 점심을 먹을 때부터 반주를 해도 아무도 뭐라 하지 않았다. '파리에 왔으니 해봐야 한다'는 당위 덕분에 초저녁에 따박에서 와인 한 잔 마시면서 담배를 피우고 종이 신문을 읽는다던지, 토트백에 바게트가 튀어나오게 꽂은 채로 걸어다닌다던지 하는 파렴치한 행위도 서로 용서했다. 레스토랑에 가는 건 너무 비쌌지만, 공원에 자리 펴고 앉아서 빵에 치즈와 와인과 체리와 쿠스쿠스 따위를 먹는 것은 비교적 저렴했다.

나와 내 미국인 친구들은 금세 가장 짧은 시간에 가장 많은 술을 마실 수 있도록 일과를 최적화했다. 점심 먹을 때 같은 학년 친구 넷이서 마트에서 사 온 와인 한 병을 일회용 컵 한 잔씩 가득 채워 먹는다. 오후 수업이 끝나면 각자 집에 들러 너는 돗자리, 너는 치즈, 너는 와인, 너는 빵을 갖고 어느어느 공원에 모이도록 한다. 6시쯤 몽소 공원 같은 곳에 모여서 엎드려 뒹굴거리다가, 책을 읽다가, 누가 뉴욕에 두고 온 남자친구가 바람을 피우는지 아닌지 같은 얘기를 하면서 먹고 마신다. 그렇게 소풍식으로 배가 꽉 차고 해가 뉘엿뉘엿해지면 아직 가보지 않은 '재밌는 곳'을 찾아가본다. 예를 들면 콩코드 광장 앞에 있는 오래된 미술 책방이라거나, 미출간된 쥘베른 원고가 발견된 골동품 가게라거나, 일본 영화를 호들갑 떨며 틀어주는 예술영화관 같은 곳에 같이 몰려갔다 온다(와! 재밌다).

밤이 되면 이제 본격적으로, 30명 남짓 되는 전교생이 늘상 가는 바 중 하나로 향한다. 라이브 재즈를 가끔 해줘서 좋지만 '시끄러운 미국인'으로 찍히면 이지메를 당할 위험이 있는 바, 영국 애들이 특히 많고 인종이 다양해서 즐거운 바, 술이 너무 싸지만 가끔 가다 너무 저돌적인 프랑스 남자들이 접근해오기에 우리 중 가장 조신한 친구는 가기를 꺼려 하는 (그러나 새벽이 되면 언제나 그리로 돌아가겠다고 우기는) 클럽 등. 그렇게 진토닉을 들고 디제이 앞에 가서 춤을 췄다가, 푹 꺼지는 소파에 앉아서 개똥철학을 읊다가, 마시고 흘리고 취하고 엎고 싸우고 화해하다 보면 어느새 새벽 2시다. 헤어지기 전에 길거리 크레프 장수한테 숙취 예방용 햄 치즈 크레프를 사 먹으면서 "오늘도 너무 잘 살지 않았냐?" 하는 눈빛을 주고받는다.

밤늦은 귀가. 지하철은 끊겼고 택시는 비싸니 도시 반대편까지 공용 자전거를 탔다. 운전은커녕 드러눕는 것 말고는 아무것도 하면 안 되는 만취 상태였는데, 자전거 타면서 술을 깨겠다는 기적의 음주인 논리로 좁고 우둘투둘한 돌길을 입천장이 마르도록 밤바람을 받아내며 집까지 가곤 했다. 한번은 신나서 노래를 부르며 인적 드문 길에서 자전거를 몰고 최고 속력으로 가고 있는데, 스쿠터 탄 남자 둘이 꽁무니에 붙더니 뒤에서 내가 부르는 노래 가사를 칭총칭총하는 모욕적인 단어로 바꿔 부르며 놀려댔다.

무식한 것들아, 이건 칭총이 아니라 〈사랑은 언제나 목마르다〉라고!

학기 마지막 날, 음식과 와인이 제공되는 문예창작과 독회가 열렸다. 마당에 교수들과 학생들이 자유롭게 섞여 즐거웠던 학기의 끝을 아쉬워하는 귀여운 분위기였다. 나더러 글을 계속 쓰라는 무책임한 조언을 했던 코엔 교수는 작별의 건배를 하면서, 내가 이제 한국으로 돌아가 군대에 가야 한다고 하니 "전쟁 가까이 가보면 좋은 작가가 될 수 있다"는 더욱 무책임한 격려를 했다. 서로 할 얘기가 많아서 시작이 15분 지연됐다.

  독회가 시작되고 학생들이 한 명씩 앞에 나가 자기가 쓴 글을 발표하기 시작했다. 방학을 포기하고 여름학기까지 하고 있었던 학생들이다 보니 평소보다 한층 더 본격적인 분위기였다. 어머니의 인생을 드라마틱한 슬램 시로 재구성한 작품도 있었고 불알에 관한 스탠드업 코미디도 있었다. 교수 중에는 이름난 작가도 있었기 때문에 다들 그 앞에서 발표하는 기회를 진지하게 생각하고 있었다. 나 역시 80년대 서울 대학가 운동권을 배경으로 한 나름 진지한 단편소설 하나를 손에 들고 차례를 기다렸다. 한국 현대사도 들어 있고 내가 잘 아는 사람으로부터 영감을 받은 인물도 있었기에 꽤 오랫동안 공들였던 글이었다. 나는 다른 글은 몰라도 이 글을 읽으려면 목소리를 좀 가라앉혀야겠다고 생각하면서 조용히 호흡을 가다듬었다. 그러나 내 차례가 되고 50여 명의 미국인들 앞에 서자마자 나도 모르게 농담을 던져버렸다.

"오늘 참 좋은 자리네요. 제가 지금 얼굴이 좀 빨간
데요. 딱히 제 글을 읽는 게 긴장이 되어서는 아닙
니다. 그냥 동양 남자가 와인을 마셨구나, 생각해
주세요."

관객들은 웃었다.

글은 읽었지만 찝찝함이 남았다. 열심히 준비한 얘
기를 하려던 참에 왜 쓰잘데기없는 농담을 해버린 것일
까. 왜 굳이 동양인이올시다로 웃음보를 터뜨린 다음에
야 내 글을 읽을 수 있다고 생각했던 것일까. 관객 중에
있던 다른 동양인 친구는 그때 어떤 생각을 했을까. 그
생각을 하면 지금도 얼굴이 빨개진다.

내 팔을 드립니다

나는

예전 애인과 처음 같이 자던 날, 그는 내 오른팔을 베고 잠이 들었다. 처음에는 내 품에서 잠든 그의 모습이 사랑스러웠지만, 점점 힘에 부쳤다. 그의 체온이 조금씩 부담스러워지고, 내 목덜미에 그의 콧김이 닿는 것이 신경 쓰였다. 무엇보다도 그의 머리통 아래 확실하게 깔린 내 팔이 감각을 잃어가고 있었다.

다음 날 일어나니 내 오른팔은 없는 것이나 다름없었다. 〈설국열차〉에서 형벌로 냉동 절단된 것처럼. 내 팔이 있었던 자리를 허망하게 바라보고 있는데 애인이 눈을 떴다. 그는 아무런 감각이 없는 내 오른팔을 주물럭거리면서 말했다.

"너 생각보다 팔이 얇구나……."

"헤어지길 잘했네."

나중에 나타샤 누나가 술 한잔 사주며 말했다. 팔베개가 얼마나 힘든데 걘 말을 그 따위로 하니. 하지만 누나는 힘들어도 팔베개가 좋다고 했다.

"남자친구가 나보다 키가 거의 30센티미터 더 큰데도 내가 팔베개를 다 해줬어. 불편하긴 한데 가슴에 남자친구가 가까이 오니까 심장 박동을 같이 느낄 수 있잖아. 애틋한 거지. 근데 뭐니뭐니 해도 언짢은 얘기를 해야 될 때 제일 좋아. 왜냐면 팔베개를 한 채로 얘기를 하면 화나더라도 격한 반응을 할 수가 없거든."

팔베개를 불가침조약으로 활용하는 누나의 외교력에 감탄했지만 나는 천생연분 중의 천생연분이 아니라면 팔베개를 해주지 못할 것 같다. 사람 머리가 보통 5킬로그램 정도. 볼링공보다 살짝 가벼운 정도다. 반면 팔꿈치 위쪽의 팔이 3킬로그램 정도 하니, 그 위에 머리를 놓으면 자기보다 무거운 공에 눌려 있는 꼴이 된다. 혈액 공급에 지장이 있을 수밖에 없다. 피가 돌지 않으면 신경이 눌리고, 골격까지 틀어질 수 있다. 신경 압착 상태가 오랫동안 유지되면 회복에 몇 달이 걸리는 경우도 있다고 한다.

그래서 상대가 잠에 들 때까지 팔베개를 해주더라도, 그다음에는 반드시 팔을 빼내서 내 것으로 만들고 자야 한다. 〈프렌즈〉에피소드 중에도 그런 게 있었다. 새 연애를 시작한 챈들러가 팔베개 좋아하는 여자친구를 만족시키면서도 편하게 잘 수 있는 방법이 뭔지 로스에게 묻는다. 로스는 '포옹하고 굴러나오기'(hug & roll) 기술을 알려주지만, 챈들러가 실전에 적용해보니 몸은 빠져나와도 팔 한쪽이 여전히 여자친구 머리 밑에 깔려 있어서, 그걸 빼내다가 여자친구를 침대 밖으로 밀쳐내버리고 만다.

자존심이 있지, 〈프렌즈〉로부터 연애에 대한 지혜를 참고하고 싶지는 않지만 중요한 통찰이다. 껴안고 자더라도 제때 빠져나오려면 팔베개는 하지 말라는 것.

신체는 아무리 생각해도 팔베개에 최적화돼 있지 않다. 팔을 내어주는 사람은 팔을 잃게 되지만, 팔베개를 베는 사람도 불편하긴 마찬가지다. 팔을 베고 상대 쪽으로 누우면 사실상 머리와 안쪽 어깨에 상체의 하중이 다 실리는데, 아래 깔린 내 안쪽 팔이 엄청 불편해진다. 그럴 땐 차라리 안쪽 팔을 잠깐 뽑아두고 싶을 정도다.

〈헤드윅〉에 나오는 노래 〈사랑의 기원〉(The Origin of Love) 가사로도 잘 알려졌지만 플라톤의 『향연』에는 인간이 원래 네 팔, 네 다리 달린 생물이었는데 제우스의 번개로 쪼개져 두 팔, 두 다리만 가진 불완전한 존재가 되었다는 얘기가 나온다. 다시금 온전해지는 방법은 사랑의 짝을 찾아 서로의 몸을 붙이는 것이라고도. 하지만 인간이 두 팔 두 다리짜리로 쪼개진 후 너무 오랫동안 따로 떨어져 지냈던 것 같다. 둘이 한 덩이로 붙어서는 하루만 자고 일어나도 죽을 것 같으니.

한국 사람은 사랑하는 이에게 '간이고 쓸개고' 내어주지만 영미인은 '팔 하나 준다'(give an arm for)고 한다. 에미넴의 노래에도 나온다. 팔 한 쪽을 내어줄 만큼 누굴 사랑해본 적이 있느냐고. 뮤직비디오에서는 자기 팔을 걷어서 보여주는데, 딸내미 얼굴을 크게 문신했다. 참으로 감동적이구나(에미넴은 전 부인더러 썩어 문드러지라는 저주도 문신으로 새겼다).

사랑하는 사람의 얼굴이나 이름을 팔에 문신으로

새기는 건 나름의 긴 전통이 있다. 18세기 일본에서는 여자 기생과 남자 손님이 서로의 이름을 각자 새겼다. 안젤리나 졸리는 한때 애인이었던 빌리 밥 이름을 팔에 새겼다가, 헤어지고 나서는 입양한 자녀들의 출생지 좌표 문신으로 그걸 덮었다. 이처럼 수정을 요하는 상황이 많기 때문에 요즘은 너무 적나라하게 이름을 적는 것보다는 다른 도안에 살짝 끼워넣는 방식으로 많이들 한다고 들었다. 그러면 나중에 덧칠로 비교적 쉽게 지울 수 있는 것이다. 하지만 굳이 몸에 애인 이름을 문신할 거라면 그걸 조심스럽게 하는 것도 어불성설인 것 같다. 그냥 여생을 후회할 각오로 크게 궁서체로들 했으면 좋겠다.

요나라를 세운 요 태조가 죽었을 때 그의 아내였던 술율평은 정국을 통제하기 위해 장군과 신하들을 모두 불러 주군이 그립다면 모두 순장으로 증명하라고 으름장을 놓아 싸그리 묻어버렸다. 몇몇 신하들은 (똑똑하게도) "왜 태후 마마는 주군과 함께 가지 않으십니까?" 하고 되물었다. 그러자 술율평은 자기도 마음만은 가고 싶다며, 스스로 한쪽 팔을 잘라 남편 무덤에 같이 넣었다. 단완황후라는 별명은 그렇게 생겼다.

팔을 내어줄 거라면 그렇게 아예 주는 방법도 있다는 얘기다.

나는 유리잔에 흘렸다

뉴욕 부자님의 파티에 가기로 되어 있는 날이었다.

뉴욕 부자님은 이름이 있지만, 다운타운 부동산 세계의 큰손이라는 점 외에는 나도 거의 아는 바가 없기 때문에 그냥 뉴욕 부자님이라고 해둔다. 뉴욕 부자님께서 스타트업 투자자 네트워킹 파티를 여는 날이었다. 나는 그런 엄청난 자리에 참석하기 위해 화장실 전등불 밑에서 결연하게 면도를 하고 있었다. 목표는 하나였다. 우리가 1년 넘게 준비해온 앱 서비스 아이디어로 뉴욕 부자님의 관심을 끌어서 투자자 미팅을 따내는 것.

난 우리 앱 아이디어가 꽤 괜찮다고 생각했다. 다양한 분야 창작자들이 일종의 모바일 명함을 만들어서 그걸로 서로 협업 기회도 찾고 친구도 사귀고 하는 그런 아이디어였다(창작자들이 모두 서로와 친구하고 싶은 건 아니라는 사실을 나중에야 깨달았다).

"안드로이드용도 출시할 생각이지만 아무래도 아이폰용을 먼저 개발하는 게 좋겠지?"

"물론이지."

나와 동업자는 장단점 보완이 잘되는 콤비였고 되도록이면 긍정적으로 생각하려고 했다. 어떤 기능이 있으면 좋을지 어떻게 만들면 쓰기 편할지 밤을 새워 얘기하곤 했다. 친구들의 재능기부(미안하다)로 홍보 영상도 만들었다. 영상을 본 사람이 할 수 있는 건 '출시되면 알림 받기' 뿐이었지만. 실제로 앱을 만들 수 있는 개발자 없이 아이디어만으로 해볼 수 있는 건 다 했다.

하지만 학생 비자가 우리에게 허락한 시간은 너무 빨리 흘렀다.

　뉴욕 부자님은 비록 부동산으로 부자가 된 분이기는 하나, 2000년대 후반부터는 스타트업 쪽으로 관심을 돌려서 창업가들을 위한 창업 교육 프로그램을 운영하고 있었다. 프로그램 내용도 좋다고 들었지만 뭐니뭐니 해도 커넥션이 대단해서, 그분 집에서 열리는 파티에 가면 동부의 유명한 엔젤 투자자들이 다 모여 있다고 했다. 눈도장을 찍을 절호의 기회라고 정평이 나 있었다. 때는 서브프라임 모기지 사태 후 시간이 좀 흘러서 스타트업에 대한 투자자들의 관심이 서서히 회복되던 시절이었다. 동네방네에서 지원자가 몰렸다.

　결과는 탈락이었다. 개발자가 없다는 것이 이유였다. 아니 개발자를 구하려면 투자금이 필요하니까 투자자를 좀 만나보려고 지원했는데 개발자가 없어서 탈락이라니. 그동안 다른 유학생들처럼 로스쿨 준비도 안 하고 인맥 쌓기도 안 하고 오로지 착실하게 다양한 분야의 창작자들이 일종의 모바일 명함을 만들어서 그걸로 서로 협업 기회도 찾고 친구도 사귀고 그럴 수 있게 만들겠다는 일념으로 창업을 준비했는데…….

　낙담하긴 이르다. 좋은 아이디어가 떠올랐다. 프로그램 운영자에게 전화해 다짜고짜 파티 사진사는 구했냐고 물었다. 사진사는 따로 없고 아마 자기가 돌아다니며 사진을 찍을 것 같다고 하길래 그러지 말고 내가 파티 사진 전문이니 나에게 맡겨달라고 했다(스무 살 때부터 술자리에서 사진 찍는 역할을 꾸준히 해왔기 때문에 아예 거짓말은 아니었다). 놀랍게도 내 제안이 받아들여졌다. 그렇게 나는 뉴욕 부자님 파티 사진사로 일일 알바를 따냈다.

가기 전에 동업자 친구에게 약속했다.

"내가 뉴욕 부자님 만나서 꼭 미팅을 따 올게. 참가 자로 왔는지 사진사로 왔는지 신경도 안 쓸 거야. 오히려 사진사가 말 걸기는 더 좋지."

조금이라도 어려 보이면 혹시 더 영재로 보일 수 있을까 해서 기르던 콧수염은 과감히 밀어버렸다.

뉴욕 부자님의 브라운스톤은 생각보다 더 화려했다. 그가 사는 팟친가는 뉴욕의 마지막 가스등이 남아 있는 걸로 유명한 골목이었다. 집 안으로 들어가니 천장에는 영화에서나 보던 거대한 금빛 샹들리에가 매달려 있고 바닥에는 윤이 나는 카펫, 짙은 녹색 벽에는 유화가 빼곡히 걸려 있어서 박물관에 온 듯했다. 본분이 사진사이니 마음껏 사진을 찍을 수 있다는 점에 만족해하며 저택을 구경하면서도, 머릿속으로는 뉴욕 부자님에게 우리 앱 얘기를 자연스럽게 꺼낼 방법을 궁리 중이었다.

"아, 제가 사진을 언제부터 찍었냐구요? 사진이야 늘 찍는 걸 좋아했는데 정식으로 찍을 기회가 많

지 않았어요. 그래서 생각했죠. 다양한 분야 창작
자들이 일종의 모바일 명함을 만들어서 그걸로 서
로 협업 기회도 찾고 친구도 사귀고 할 수 있는 앱
이 있다면 얼마나 좋을까……."

현관에 손님들, 그러니까 우리를 제치고 뉴욕 부자
님의 깐깐한 선발 과정을 통과한 경쟁자들이 하나둘 도
착하기 시작했다. 나는 명단을 체크하는 프로그램 운영
자 옆에 서서 손님들의 웰컴 사진을 하나씩 찍어주었
다. '창업을 잘하는 친구들인지는 몰라도 스타일들이
그렇게 좋지는 않네. 긴장 풀고 즐거운 시간들 되시길.
오늘 밤 뉴욕 부자님의 눈에 들 사람은 어차피 나니까.'
손님들로 와자지껄 붐비는 집에서 나는 사진기를 완장
삼아 헤집고 다녔다.

꽤 분위기가 무르익었는데도 뉴욕 부자님이 코빼
기를 보이지 않아서 나는 좀 피곤해진 상태였다. 열혈
사진사 행세를 하는 것도 한계가 있어서, 파티 음식 좀
먹으면서 쉬어야겠다고 생각했다. 손님들이 있는 응접
실에서 계단 쪽으로 연결되는 작은 방에 술과 요리가
차려져 있었다. 흰 식탁보에 은색 테이블 러너가 깔린
고풍스런 식탁 위에 값나가는 음식들이 그득했다.

평소 학생회 바자회에서 종이 접시에 브라우니나
주는 파티만 가다가 이런 고급스런 케이터링을 보니 눈
이 휘둥그레졌다. 거대한 파미지아노 레지아노 치즈를
통째로 가운데를 파놓았고, 맛있게 굽고 졸인 채소들과

염소 치즈에 피스타치오를 곁들인 스테이크 샐러드, 갓 구운 듯 겹겹이 바삭한 페스츄리까지. 그런데 그렇게 화려한 테이블에서 다른 무엇보다 내 눈길을 사로잡은 건 따로 있었다. 그건 바로 아름드리 나무처럼 육중하고 눈부신 크리스털 글래스 펀치 보울이었다.

나는 조심스럽게 딸기 펀치를 한 국자 뜨고 나서도 그 보울에서 눈을 뗄 수가 없었다. 챔피언 트로피처럼 크고 영광스러웠다. 둥근 그릇 부분은 위에서 보면 여덟 갈래로 갈라진 꽃봉오리 같았는데 표면에는 프랙탈처럼 무늬가 무수하게 기하학적으로 계속돼서 쳐다보면 빠져들 것 같은가 하면, 그릇을 받치고 있는 지지대는 마치 탱고 치마처럼 여러 겹을 드러내며 회전하는 듯했다. 무늬가 그렇게 화려한데도 어찌나 투명한지 속에 든 술의 분홍색이 뚫고 나올 것처럼 선명했다.

술잔에 홀려 있는 나를 보고 턱시도 가면처럼 대사를 읊으며 뒤에서 다가온 건 다름 아닌 오늘의 주인공 뉴욕 부자님이었다.

"트렐리스 패턴이라고 해요. 아메리칸 브릴리언트 크리스털의 전성기였던 1910년에 O. F. Egginton & Co.에서 만든 겁니다. 미국 크리스털에 대해 좀 아시나요? 여기 뉴욕 인근에서는 코닝 쪽이 중심지죠. 유럽에서 온 이민자들에 의해 발달한 미국 유리 세공업이 필라델피아 센테니얼 박람회 이후로는 최고의 투명도와 극강의 세공 기술로 세계적

133

인 인정을 받게 되었답니다. 저런 패턴을 만들 수 있는 장인이 이제는 없어요. 납 함량이 50퍼센트는 되어서 굉장히 무거운데 그걸 혼자 들고 돌아가는 돌칼에 대어 무늬를 하나씩 새겨 넣은 거라."

유리잔 만드는 법에 여러 가지가 있다는 것조차 금시초문이었던 나는 뉴욕 부자님을 보면 하려고 했던 수많은 이야기는 제쳐두고 내 눈앞의 보석 같은 잔에 대해 궁금한 것들을 다 물어보았다.

"어디서 구하셨나요?"

"지금은 세상을 떠난 제 누이가 86년도였나, 경매로 손에 넣은 거예요."

"값이 얼마나 나가는지 상상도 안 되네요."

"각별한 물건이라 가격으로 생각하길 좋아하지 않아요. 아주 특별한 자리가 아니면 꺼내지 않는다고만 해두죠. 오늘은 특별한 자리예요. 미래의 제프 베조스가 될 스타트업 유망주들을 이렇게 만나볼 수 있는 기회니까요. 그렇지 않나요?"

뉴욕 부자님은 어느새 내가 아니라 우리 주변으로 둥글게 모인 청중들을 대상으로 연설을 하고 있었다.

비서가 내 어깨를 툭툭 쳤다.

"빨리 참가자들 사진 좀 찍어요."

결국 그날 나는 대형 유리잔과 사랑에 빠진 것 말고는 아무 소득 없이 집에 돌아왔다. 이후로 우리의 앱 아이디어는 영 뾰족한 돌파구를 찾지 못하고 헤매다 결국 끝을 맞았다. 동업자는 내게 왜 예전 같지 않느냐고 물었다. 대답하기 곤란해서 한동안 그 친구를 피해 다녔다.

유리잔을 모았다

나는

군 생활을 마치고 뉴욕으로 돌아왔을 때 집 구하는 게 생각만큼 쉽지 않았다. 지역신문에 올라오는 방들은 하나같이 월세가 비인간적이었다. 드라마에 나오는 것처럼 "제시가 여자친구랑 집을 합치게 돼서 바비네 쓰리베드룸 방 하나가 비게 됐어. 침대도 있고, 고양이도 한 마리 살고 있고, 퀴어 프렌들리야"같이 기회가 넝쿨째 굴러들어오는 일은 좀처럼 일어나지 않았다. 어렵게 집을 보고 조건이 맞아 계약하려 하면 현지에 신용, 수입, 목돈 중 하나도 없다며 거절당하기 일쑤였다.

　　마음만은 토박이 뉴요커지만 여권에 재입국 승인 도장도 안 마른 나를 받아준 건 차이나타운뿐이었다. 그들은 내게 묻지도 따지지도 않고 바워리가와 하우스턴가가 만나는 중심가 대형 공동주택에 방 하나를 내어줬다. 복도에서 사시사철 간장과 팔각에 뭔가 끓이는 냄새가 나는 건물이었다. 말레이시아에서 온 요리사 에이미, 차이나타운 공자센터에서 할머니들에게 영어를 가르치는 필립과 한집에 살았다. 방음도 환기도 잘 안 되고 창틀에서는 비둘기 꾸룩거리는 소리가 세세하게 들렸지만 그래도 나를 받아준 중국인 커뮤니티에 대한 감사한 마음이 더 컸다.

　　혈혈단신으로 돌아왔다 보니 물 마실 컵 하나도 변변치 않았다. 학교 기념품숍에서 산 머그컵 하나로 물도 마시고 술도 마시고 시리얼도 먹고 수프도 먹었다. 차이나타운에 싸고 맛있는 것들이 많아서 요리를 할 필요가 없는 것은 다행이었다. 등굣길에 커피 대신 중국식 빵집에서 우유에 끓인 홍차 사 먹는 것으로 습관이 바뀌어갔다.

　오랜만에 돌아온 뉴욕에 점점 적응이 되면서 전처럼 멋없이 살지 말고 이제 방에도 내 취향을 좀 반영해보자는 생각이 들었다. 차이나타운에서 학교까지 가는 길에 소호를 통과하다 보니, 거리에 즐비한 고급 인테리어 브랜드들이 눈에 들어오기 시작했다. 반나절이면 국제적인 가구, 키친, 테이블웨어 브랜드의 플래그십 스토어를 다 둘러볼 수 있었다. 특히 잘 만든 유리잔을 볼 때에 가슴이 뛰었다. 종잇장처럼 얇아서 손으로 쥐면 탄성이 느껴질 정도인 와인잔부터 현란한 에칭과 금속 라이닝을 덧대 눈이 부실 정도인 고블렛까지.

　다양한 술잔의 쓰임이 다 다르다는 것도 하나씩 알아갔다. 《뉴욕 매거진》이 꼽은 '현대인이 홈 바에 두어야 할 칵테일 잔' 같은 기사를 읽으며 잔 종류를 마음속에 새겼다.

　①하이볼 또는 콜린스 글래스
　②쿠페 글래스
　③싱글 록 글래스
　④더블 록 글래스
　⑤샷 글래스
　⑥닉앤노라 글래스

뭐가 이리 많은지. 이 정도도 예전에 비하면 많이 간소화된 것이라니.

소호의 숍에서 좋은 잔이 어떤 것인지 배웠다면, 바워리 쪽에는 실제 레스토랑에서 사용하는 범용적인 잔을 구경하기 좋았다. 거기 가면 레스토랑 자재상이 줄지어 있는데, 마치 철물점처럼 온갖 종류 잔들을 아무렇게나 쌓아놓고 팔았다. 카페나 식당에서 종일 시달려야 하는 튼튼한 물컵. 깨지면 다음 걸 꺼내면 그만인 두툼한 와인잔. 일식집 사케잔과 요상한 용 모양 카라프 등……. 온 세상 잔이 다 있었다. 여기서 클래식한 디자인의 물컵도 하나 사고, 맥주잔도 샀다.

마지막으로 돈도 많이 안 쓰면서 특별한 걸 골라내기 위해서는 구제 가게로 가면 되었다. 구제 가게들은 대부분 옷 위주이지만 간혹 식기나 가전제품 등 잡동사니를 취급하는 곳들도 있었다. 파는 물건을 감정하고 상태를 좋게 관리해가며 파는 그런 식견 있는 빈티지 숍이 아니라 트럭 단위로 누군가 기증한 물건을 그러모아 스티커 가격표를 덕지덕지 붙여서 파는 곳들. 고독사한 사람들 물건을 파는 거라며 피하는 이들도 있지만 싼 가격에 난생처음 보는 각양각색의 유리잔을 사 모을 수 있는 보물 창고였다.

나는 늘 소호에서 값비싼 유리잔을 구경하고 바워리에서 평범한 현역 잔을 둘러본 다음에 하우징 워크 구제 가게로 갔다. 거긴 투박하지만 실제로 누군가가 애정을 갖고 사용했던 흔적이 느껴지는 유리잔이 항상 있었고, 키치한 꽃무늬가 그려져 있는 맥주잔이라거나 지금은 사라진 항공사 로고가 그려져 있는 컵 같은 것을 하나에 1달러, 2달러면 살 수 있었다. 게다가 HIV 감염인을 위한 주거와 연구를 지원하는 비영리 단체에서 운영하는 곳이어서 쓸데없이 물건 사 모으는 죄책감을 덜어주었다.

특히 아꼈던 유리잔은 손안에 쏙 들어오는 아담한 사이즈에 색깔은 소주병보다 좀 더 파란 청록색이고 겉면이 튤립 꽃잎 모양으로 굴곡이 진 물건이었다. 훨씬 비싸고 화려한 잔이 되고 싶어 하는 허황된 꿈을 가졌지만 틀려먹은 잔 같아서 애정이 갔다. 흐리멍텅 푸르딩딩한 색. 틀에 찍어낸 투박한 무늬. 하지만 손에서 잘 미끄러지지 않고 착 달라붙는 붙임성이 있었다. 토요일 아침에 그 잔에 아이스 커피를 따라 마시면 튼튼한 잔 벽에 얼음이 부딪히는 둔탁한 소리가 마치 손안에 조약돌을 굴리는 것처럼 생동감 있었다.

그런데 어느 날 밤에 물을 마시러 부엌에 나와 형광등을 켰는데, 설거지하고 말려둔 내 유리잔 속에 있던 커다란 바퀴벌레가 탁탁 소리를 내며 싱크대 속으로 도망치는 것이 아닌가.

더 이상 부엌에는 아무것도 둘 수 없다는 생각이 든 나는 잔을 모두 방으로 들여오기로 했다. 잔들아, 바깥세상에 뭐가 있는지 알긴 하니? 나랑 같이 지내자.

잔을 들이기 위해서는 선반이 필요했다. 긴 원목 판재를 사서 기역자 브라켓을 달아 벽에 선반을 만들었다. 책상과 가까운 왼쪽에는 책을 꽂고 오른쪽에는 내가 이제까지 사 모은 유리잔 여섯 개를 나란히 전시했다. 《뉴욕 매거진》이 말한 현대인의 필수 칵테일 잔 구성은 아니었지만 그래도 기분에 따라 선택할 수 있는 잔이 늘 눈앞에 있어 행복했다. 선반에 리넨 타월을 깔아서 설거지한 후에도 즉각 방으로 들여올 수 있도록 했다. 자재상에서 발견한 와인잔 걸이를 추가해 스템 있는 와인잔은 거꾸로 매달아 둘 수 있게도 했다.

벌써 칠팔 년이 지난 지금, 그때의 나를 다시 만난다면 말해주고 싶다. 바퀴벌레는 출몰 원인을 제거하지 않으면 문 하나만으로 막기는 어렵다고. 이탈리안 모던 브랜드 중에는 생각보다 그리 비싸지 않은 좋은 잔도 많으니 너무 싼 것만 찾지 말고 다양한 가격대를 경험해보라고. 큰 얼음 넣은 칵테일을 하기에는 너무 입구가 좁은 하이볼은 적절하지 않으니 텀블러를 먼저 사라고. 그리고 미국 벽에 선반을 설치할 때에는 각재가 있는 곳에 정확히 못을 박아야지, 그러지 않으면 석고보드 표면에만 못질한 셈이라고.

어느 날 수업을 마치고 집에 돌아오니 선반 한쪽이 무너져 나의 유리 제단은 폐허가 되어 있었다. 차이나타운을 떠나며 이삿짐을 싸던 날까지도 그쪽 구석에서는 유리 조각이 나왔다.

유리잔이 미웠다

나는

한국에 돌아와 다니기 시작한 직장에서 3년 차가 되면서 직장에서 가까운 용산역 주변 오피스텔로 들어갔다. 일에 전념하기 위해 비싼 월세를 무릅쓰고 도심으로 나온 만큼 쓸데없는 것에 신경을 써서는 안 된다는 생각도 있었지만 무엇보다 방이 침대와 책상 외 그 어떤 가구도 고려할 수 없을 정도로 좁았기 때문에 성질에 맞지 않는 미니멀리스트가 되었다.

그렇게 비워낸 자리에 난데없이 석호가 들어왔다.

석호와 나는 쉽지 않은 사이였다. 그는 손 대면 데일 듯 불같은 성격이었고 그가 타오를수록 나는 자존심으로 일렁이는 시커먼 물이 되었다. 그는 금요일 저녁이면 내 오피스텔에 왔다가 일요일 오후에 떠나곤 했는데 매 주말이 아슬아슬했다. 나는 애인과 한 공간에 이렇게 오래 같이 지내보는 것이 처음이어서, 처음에는 손님처럼 대접해보기도 하고 내 집 규칙을 들이밀며 깐깐하게 해보기도 했다. 서로 좋긴 하면서도 성격이 정반대다 보니 시시때때로 부딪혀 크고 작은 마찰음을 내며 나름 재밌게 지냈는데, 시간이 흐르고 점점 서로를 파악하게 되면서부터는 거슬릴 만한 행동을 하지 않는 선에서 적당히 대치하는 사이로 변해갔다.

평화 유지를 위해 오피스텔에 대각선으로 가로질러 가상의 금을 그었다. 서쪽은 석호 땅, 동쪽은 내 땅. 침대는 판문점.

주말에도 마냥 쉬는 걸 잘 못 하는 성격인 나는 보통 노트북을 켜고 앉아서 작업을 하거나 트위터를 기웃거렸다. 그는 고양이처럼 저만치 창가 바닥 매트에서 스트레칭을 하며 주중에 굳은 몸을 온종일 풀었다. 나는 밥은 적게 먹고 커피와 초콜릿, 치즈, 견과류 등 군것질을 많이 하는 스타일인데 그는 하루에 네다섯 끼니를 챙겨 먹어야 체중이 유지되는 스타일이었다. 몇 번의 위태위태한 주말이 흘러갔다.

늦여름에 어김없이 찾아온 주말. 우리는 초장부터 좀 지쳐 있었다. 그는 직장에서 피곤한 일이 있었다며 나를 본체만체했고 나는 딱딱하게 굳어가는 연애에 대한 회의감이 들었다. 내가 고른 식당 음식은 그의 입맛에 맞지 않았다. 같이 있기로 했으니 같이 있긴 하지만 굳이 그래야 할 이유를 대라면 못 댈 것만 같은 시간이었다. 어렵게 찾은 대화 주제들은 예전 같았으면 장난스럽게 치고받았을 대목에서 툭툭 끊겼다.

어딜 가서 뭘 하면 이 위태로운 평화라도 유지할 수 있을지 찾아보다가 영화 〈소공녀〉가 개봉했다는 걸 알게 되었다.

우리는 관심사가 많이 겹치지도 않고, 취향을 결코 존중하지 못해 평행선을 그을 때가 많았지만 유독 좋아하는 배우 얘기를 할 때만은 죽이 잘 맞았다. 이 배우는 이래서 좋고, 저 배우는 저래서 좋아. 이 배우와 저 배우가 같이 나오면 진짜 볼만하겠다. 저 배우는 실제로는 좀 이런 느낌일 것 같지 않냐? 〈소공녀〉 주연배우 이솜도 우리가 예전에 찾아봤던 배우였다. 모델 출신인데 분위기가 너무 좋다고, 누구누구 뮤직비디오에 나왔는데 너무 괜찮았다고 석호가 말했던 기억이 났다. 모처럼 우리 둘 다 즐길 수 있는 거리를 찾았다는 사실에 기대감을 안고 광화문 씨네큐브로 갔다.

영화가 시작되자 우리의 현실은 안전하게 일시정지되고 주인공 미소의 현실이 펼쳐졌다. 미소는 가사도우미로 일하며 벌이는 늘 부족하지만 일 마치고 돌아오는 길에 위스키 바에 들러 담배 한 대를 피우며 글렌피딕 한 잔만은 꼭 해야 하는 사람이다. 너무 추워서 남자친구와 사랑을 나누기도 전에 내복을 다시 입어야만 하는 쪽방에 살고 있었는데, 어느 날 월세가 오르자 담뱃값과 술값 대신 과감히 집을 포기하기로 한다. 관객들은 왕년의 친구들 집에 차례로 얹혀사는 미소를 따라다니며 다양하지만 또 고만고만하기도 한 인생들을 엿본다.

미소는 위스키 한 잔을 주문하고 담배를 문다. 스카치 위스키가 튤립 모양에 스템이 있는 유리잔(꼬냑 잔이 보통 이렇게 생겼다) 벽에 금빛 물방울 자국을 남기는 것을 물끄러미 바라보는 장면에선 시간이 아주 느리게 가고 있는 것 같은 느낌이 든다. 영화 내내 미소와 함께 여기저기 돌아다니고 이 사람 저 사람에게 치이느라 고단했던 나도 그 순간만큼은 안도했다. 주인공의 인생이 피곤하기는 해도 살아지기는 한다는 점에서, 그리고 남들도 나처럼 포기할 수 없는 작고 비싼 것을 하나씩 간 직하고 살고 있다는 점에서.

〈소공녀〉는 위스키 회사가 젊은 층의 수요 진작을 위해 커미션해 만들었다고 해도 좋을 훌륭한 위스키 선전이었다. 영화관을 나오자마자 석호와 나는 누가 먼저랄 것도 없이 위스키 파는 곳으로 발걸음을 재촉했다. 미소가 가는 위스키 바는 서촌에 있지만 우리는 집에서 가까운 동부이촌동의 차분한 바로 가기로 했다. 영화의 잔상에 들뜬 우리는 연애 초기처럼 신나서 수다를 떨며 서로의 주위를 빙글빙글 돌 듯 앞서거니 뒤서거니 하며 한 시간을 걸었다. 바람도 기분 좋게 불었다.

"이솜 진짜 매력 있지 않냐."

"담배 피우고 싶어 미치는 줄 알았어."

"마지막 장면에 그 동네가 나 어렸을 때 살던 동네 잖아."

"위스키 먹고 싶다."

만약 당신이 그때 광화문부터 이촌까지 걸어가는 우리 둘을 보았다면 생각했을 것이다. '저 둘은 몇 달간의 권태기를 훌훌 털어내고 관계의 돌파구를 찾은 연인이로구나. 죽어가던 불꽃이 다시 타오르겠구나. 너무 신난 건 아닌지 걱정인데? 저러다 길 건널 때 차에 치이기라도 하겠어.'

고동색 원목 인테리어가 중후한 동부이촌동의 바에 나란히 앉았다. 긴 위스키 목록을 훑어보았다. 나는 이름 정도만 아는 버번 하나를, 석호는 영화에 나왔던 글렌피딕을 시켰다. 우리가 앉은 바에서는 그곳에 있는 여러 위스키 라벨이 다 잘 보였다. 카운터에는 크리스털 유리잔 수십 종이 조명을 받아 먼지 한 점 없이 빛나고 있었다. 웨이터는 그중에 두 잔을 골라 우리 앞에 놓고 각자 선택한 술을 따라주었다.

석호가 주문한 스카치는 위스키 맛을 극대화시킨다고 알려진 글렌캐런 글래스에 나왔다. 내 버번 온더락은 바의 은은한 빛을 사방팔방으로 고급스럽게 반사하는 크리스털 텀블러에 커다란 얼음과 함께 나왔다.

좋은 위스키는 시간을 천천히 가게 한다. 좋은 술집은 그 시간을 더 늘릴 수 있는 방안들을 제공한다. 스팀 타월은 몸을 따뜻하게 하고 마음을 진정시킨다. 투명하고 깨끗한 크리스털 텀블러는 술의 빛깔을 몇 분이고 감상하게 한다. 귤만 한 거대 얼음은 위스키를 차게 하면서도 물이 과하게 섞이지는 않게끔 하고, 컵을 습관처럼 빙글빙글 돌릴 때 기분 좋은 무게추 역할을 한다. 향을 한번 맡아보면서 위스키 전문가처럼 가죽이나 솔잎, 월넛 같은 노트를 짚어낼 수 있을지 머리를 굴려보다가 포기하는 데에 또 기분 좋은 몇십 초가 소요된다. 마침내 한 모금. 도수 높은 술이지만 삼킨 곳을 쿡 찌르고 줄행랑치는 것이 아니라 입과 목 안쪽을 칠하듯이 부드럽게 넘어간다. 입술과 혀는 잠깐 시원하지만 몸의 온도는 살짝 오르는 기분이 든다.

갑자기 느려진 그 시간 속에서 나는 우리 사이가 다시 좋아질 수 있을지 모른다는 기대가 생겼다. 나는 옆에 앉은 석호에게 하고 싶은 말들을 위스키 메뉴처럼 펼쳐놓고 고르고 있었다. 어떤 말을 해야 우리가 다시 좋아질 수 있을까.

우리가 같은 영화를 보고 같은 장면에 웃을 때 나는 살 것 같다. 네가 내 얘기를 듣고 웃음을 터뜨릴 때 나는 살 것 같다. 이제는 세상이 나를 특별한 사람으로 인정해주지 않아도 괜찮다. 단지 네가 날 보고 웃으면 그걸로 나는 살 것 같다. 그런데 네가 나를 보고 웃지 않으면 아마도 나는 죽을 것 같다.

그런 말들 중에 고르고 고르다 결국 말했다.

"이 술잔 진짜 예쁘지 않아?"

석호는 그런 날 보며 말했다.

"재미없게 넌 이 순간에 무슨 잔 얘기를 하니……."

우리는 말없이 남은 술을 마시고 휴전선이 그어져 있는 오피스텔로 돌아왔다. 여름 내내 창가 쪽 자리를 썼던 석호는 그해 얼굴이 많이 탔다.

나는 체리샴푸 맛을 보았다

어른의 세계에 대해서는 노래 가사로 배운 편이다. 예를 들면 마로니에의 〈칵테일 사랑〉(1994) 가사는 다음과 같은 것들을 가르쳐주었다.

① 향기로운 칵테일
② 한 편의 시가 있는 전시회장
③ 모차르트 피아노 협주곡 21번
④ 프리지아 꽃향기

어른들은 서로 연애를 하고 술도 마신다는 것에 대해서는 어렴풋이 알고 있었지만, 연애할 때 '전시회장'에 간다는 점, '칵테일'이라는 것에 취해본다는 점은 새로웠고 왠지 가슴을 두근거리게 했다. 특히 '칵테일'이 뭔지는 모르겠으나 흔히 보이는 술과는 근본적으로 다른, 태생적으로 낭만적이고 달콤한 술이겠구나 싶었다. 칵테일이라는 단어가 보일 때마다 상상하곤 했다. '후르츠 칵테일'에 들어 있는 새콤달콤한 과일들, 만화나 책 일러스트에 나오는 쬐끄만 우산으로 장식한 멋진 음료들…… 그리고 그 위에는 꼭 새빨간 체리 하나가 톡 올라가야 완성이었다.

중학교 때, 자우림이 나와 친구들의 감수성을 관통했다. 딱 한 줄만 쓸 수 있는 버디버디 메신저 아이디를 통해 특별한 감성을 드러내 보이기 위해 밤낮으로 말을 수집하던 시절이었다. 특히 다섯 글자로 예쁘게 딱 떨어지는 노래 제목이나 글귀들을 모았다. 자유롭고 도회적으로 느껴지는 밴드 음악 제목들은 너도 나도 가져가 썼다. 자우림의 〈벨벳소로우〉와 〈르샤마지끄〉. 롤러코스터의 〈일상다반사〉. 델리스파이스의 〈시아누크빌〉. 이런 제목들은 뒤에 ⓣⓜ을 달고 버디버디 아이디가 되고 수업 시간에 괜히 필기 옆에 적어놓는 의미불명 주문이 되었다.

곁에 다가가도 미소 지어봐도
나를 바라보지 않아
나를 바라보지 않아
너무너무 아름다운 너
아름다운 너에게선 체리샴푸 맛이 나
— 자우림 〈파애〉

"아름다운 너에게선 체리샴푸 맛이 난다"는 가사는 버디버디적인 것과 시적인 것 딱 중간 영역에서 최고의 경지에 이른 표현이라고 할 수 있었다. 김윤아는 〈파애〉 가사에 대해 나우누리 자우림 팬클럽에 해설을 남긴 적이 있다.

"상상해보세요 체리 향 샴푸가 있으면 얼마나 향긋하겠어요. '너'는 향긋하고 아름답지만 샴푸 맛 아시죠? 쓰고 비리고……"

해석에서 알 수 있듯이 김윤아는 체리샴푸가 있어서 맡아보고 가사를 쓴 것이 아니라, 체리 향 샴푸가 있다면 얼마나 향긋할까 상상하면서 썼던 것이다. 현재까지도 국내에서 체리블라썸 향(벚꽃 향) 아닌 진정한 의미의 체리 향 샴푸는 출시된 바 없는 것 같다. 상상 속에서만 매력적인 것일까.

체리는 과일 중에서도 특별하다. 어렸을 때 엄마가 사 오는 과일 중에 포도나 딸기, 복숭아나 수박, 자두나 참외는 있었지만 체리는 없었다. 하지만 체리를 그려보라고 하면 못 그리는 사람도 없었다. 〈톰과 제리〉만 보더라도 톰이 입을 쫙 벌리고 먹음직스러운 케이크를 먹을라 치면 금세 휙 뺏겨버릴 것임을 알리는 상징으로 그 위에 새빨간 체리 하나가 올라가 있다. 체리는 과일이라기보다는 낯설고 귀한 것을 나타내는 하나의 표식이다.

정확히 말하면 그건 체리 중에서도 마라치노 체리였다. 만화에서 튀어나온 것처럼 강렬한 빛깔의 마라치노 체리가 자연 상태의 체리가 아니라는 걸 어려서는 몰랐다.

마라치노 체리는 달마시아 지방에서 19세기에 발명됐다. 체리의 품종은 마라스카 체리. 마라스카 체리로 '마라치노' 리큐르를 먼저 만든 다음, 그 리큐르로 다른 체리를 절여서 만드는 일종의 피클이다. 농축시킨 체리 향과 단맛을 넣어 생과일보다 더 탐할 만한 결과물을 만드는 작업이었다. 하지만 많은 것들이 그렇듯 미국으로 넘어오면서 훨씬 더 대중적이고 건강에 나쁜 것으로 탈바꿈하게 된다. 마라스카보다 더 흔한 퀸 앤 체리를 사용하고, 리큐르 대신 아몬드 향을 입히고 설탕을 넣기 시작했다. 원래 진짜 마라치노 체리는 피처럼 검붉은 색이지만 미국에서 대량 생산되는 이미테이션 마라치노 체리는 신호등처럼 새빨간 색을 꼭지까지 물들여 만든다. 이렇게 밝은색을 낼 수 있는 이유는 염화칼슘과 이산화황이 함유된 소금물에 절이는 과정에서 최대 6주간 밝은 노란색으로 탈색시킨 다음 색소를 주입하기 때문이다. 합성착색료인 적색 제40호가 흔히 사용되는데 장기간 섭취하면 몸에 해로워서 최근에는 비트 주스를 이용한 제품도 나오고 녹색, 파란색, 심지어 은색 체리도 나온다고 한다. 워낙 많이 가공돼서 제품에 '과일'이라는 표기를 할 수 없는 식품에 속한다고 하는데, 심지어 생산량의 5퍼센트 정도에는 (섭취해도 문제는 없는) 구더기가 포함되어 있다는 통계도 있다.

아무래도 먹기보다는 장식하라고 만드는 것 같지만, 그래도 가공할 때 합성 아몬드 향을 반드시 첨가해서 특유의 맛을 낸다. 꼭 마라치노가 아니더라도 체리를 가공하거나 디저트에 사용할 때 아몬드를 같이 매치하는 경우가 많다. 놀랍게도 실제로 아몬드가 체리와 근접한 종이라서, 체리와 아몬드의 향기에는 벤즈알데하이드(Benzaldehyde)라는 공통 성분이 있다. 아마레또

나 마지팬, 마카롱 등 향긋한 듯 텁텁한 아몬드 특유의 향이 이 성분 때문이다. 그래서 닥터페퍼가 처음 출시되었을 때 이게 체리 향인지 아몬드 향인지를 두고 논쟁이 일기도 했다고 한다.

어릴 적 그토록 맛보고 싶었던 만화 속 수입 과일 체리는 이제 어느 마트에서나 쉽게 찾아볼 수 있는 과일이 되었다. 아는 것이 많아지고 세상이 좋아지면서 낯선 것들은 빠른 속도로 멸종되어간다. 10년 전만 해도 아무도 아보카도 먹는 법을 몰랐지만 지금은 양파와 고추를 넣고 간장에 절이는 아보카도장 레시피를 쉽게 찾아볼 수 있는 것처럼. 이제 더 이상 낯설지 않은데도 낯선 기분을 선사해줬으면 하는 우리의 과하고 모순적인 욕심을 채워주는 것이 체리의 몫이다. 흔하지 말아줘, 동시에 언제든지 손 닿을 곳에 있어줘.

집들이 날이었다. 요리를 하는 동안 손님들이 먹을 과일로 빨갛고 노란 레이니어 체리를 한 봉지 사서 내놓았다. 각자의 앞접시에 체리 줄기가 점점 늘었다.

"이거 혀로 묶는 거 되시는 분?"

당연히 아무도 없을 거라 생각해 물었다.

"나 돼."

"나도 되는데?"

예상외로 누나 두 명 모두 할 수 있다는 것이 아닌가. 이게 보기엔 어려워 보이는데 입 안에서 앞니를 이

용해 줄기를 반으로 접고, 접은 두 끝을 X자로 겹친 다음, X자로 겹쳐진 부분 밑에서 한 번 더 접어서 줄기가 처음 접히며 만들어진 공간 속으로 넣고, 마지막으로 앞니로 한쪽 끝을 잡고 다른 쪽 끝을 손으로 천천히 빼내면 생각보다 쉽게 할 수 있다고 했다. 하지만 이런 생체리 줄기는 좀 힘들고, 말랑말랑한 마라치노 체리로는 단번에 할 수 있지.

체리 줄기를 혀로 묶는 트릭이 바에서 상대를 유혹하는 클리셰가 된 것이 정확히 언제였을까. 유튜브에 올라와 있는 튜토리얼 비디오만 해도 수십 가지가 된다. 90년대 초 방영된 미스터리 연속극 〈트윈 픽〉에서 오드리가 범죄 소굴인 매춘굴에 위장 취업하려고 할 때, 고민하는 마담에게 바에 있는 칵테일에서 마라치노 체리를 꺼내 입 속에서 줄기를 묶어 보여주는 장면이 있었다. 이것의 서브텍스트가 키스나 오럴 섹스라는 식의 생각을 흔히들 하지만 그렇게 미세하고 정교한 컨트롤이 실제로 그런 데에 도움이 될 리 만무하니, 그냥 바에서 만난 사이에 할 얘기도 뻔한데 칵테일에 잘 쓰이는 재료로 뭔가 보여줄 만한 트릭이 있으면 무드 형성에 좋아서 유행했다 하는 설명이 듣기 덜 거북한 것 같다. 브룩 쉴즈는 〈제이 레노 쇼〉에 나왔을 때 이걸 선보였고, 〈프렌즈〉에서 레이첼도 이걸 할 수 있다고 자랑하려다 켁켁거리는 장면이 있었다.

집들이가 끝나고 손님들이 떠난 집을 정리했다. 대

충 마무리하고 나서 혼자 식탁에 앉아서 마지막 남은 얼음 덩어리에 누나들이 선물한 글렌피딕을 조금 부어서 홀짝거렸다. 그리고 폰으로 체리 줄기 매듭을 검색하면서 남은 체리를 먹었다. 검색 결과 중에 작년 여름쯤 설리가 인스타그램에 체리 줄기 매듭을 처음 해보는데 되더라며 올린, 밝게 웃는 사진이 있었다. 그 사진에는 지금도 바로 어제 올린 것처럼 수많은 사람들의 최근 댓글이 달려 있다.

역시 우리 진리 언니는 못하는 게 없어.
난 이번 주도 별일 없었어. 다음 주에 또 올게.

나는 위스키를 다 마시고 나서, 떼어낸 체리 줄기와 뱉어낸 씨를 키친타월 한 조각에 가지런히 놓고 돌돌 말아 가느다랗게 만든 다음 통째로 꼬아서 매듭을 지었다. 그 매듭은 식탁 위에 사흘간 두었다가 치웠다.

나는
헨리에 대한
스무 가지 사실을
알고 있다

1. 헨리는 특별한 사람이다.

2. 헨리와 나는 서울에서 만났다.

3. 헨리와 내가 서울에서 같이 보낸 시간은 그리 오래되지 않는다. 헨리는 한국에 교환학생으로 온 홍콩 사람이었고 나는 방학이라 잠깐 귀국한 유학생 신분이었다. 우리는 서울에서는 한두 달 정도만 같이 지냈고, 이후 그는 홍콩으로 나는 뉴욕으로 돌아갔다. 장거리 연애를 1년 넘게 했다.

4. 헨리와 나는 주로 영어로 대화한다. 헨리는 주로 나를 내 영어 이름으로 불렀지만, 가끔씩 기분이 좋을 때에는 '괜저야아아아아아아'하고 한국 이름 뒤를 길게 늘여 산 정상에서 야호 하듯이 불러주었다.

5. 헨리와 나의 첫 식사는 순댓국이었다. 헨리는 자기가 서울을 잘 모르니 나더러 재밌는 곳으로 이끌어 달라고 했고, 나는 철저히 내 기준에 재밌는 곳을 골랐다. 그렇게 우리는 용산 전자상가에서 첫 데이트를 했다……. 대체 무슨 생각이었을까. 여기는 단종된 프린터 카트리지도 다 구할 수 있는 B동이야……. 구경해……. 한국에서 점심 식사로 다들 많이 먹는 걸 먹어보고 싶다 하길래, 그럼 순댓국을 먹어보자 제안했다. 예전에 미국 친구에게 먹였을 때 반응이 좋았던 메뉴였다. 전자상가에서 꽤 멀어서 한참을 걷고 헤매 도착한 순댓국집은 밥 때가 아니라서 주인장 할머니가 혼자 매장 바닥에서 파를 손질하고 있었다. 할머니는 우리를 보고 파 하나로

구석 자리를 가리키며 저짝에 앉으라고 했다. 순댓국은 맛이 없었다. 헨리의 얼굴은 점점 어두워졌다. 돼지 내장이 잔뜩 든 국밥을 먹으면 내 미국 친구들은 설령 맛이 없더라도 신기하고 재밌어하던데, 홍콩에서 돼지 내장은 도전적인 음식 축에도 끼지 못한다는 건 나중에 알았다. 그리고 오늘 내가 얘를 굳이 데리고 온 전자상가 같은 분위기는 90년대 호황을 누린 홍콩에는 그야말로 어딜 가나 있는 흔한 풍경이었다는 것도 나중에 알았다. 잘될 뻔한 데이트를 장소와 메뉴 선정 실패로 공중분해 시켰다는 죄책감에 우리 그럼 이제 그냥 집에 갈까 물었다. 그때 헨리는 아무 말 없이 나를 쳐다보면서, 이제 그냥 가자니 그게 무슨 청천벽력 같은 소리냐는 듯 실망이 역력한 표정을 지어 보였다. 이대로 집에 가면 어떡해 이제라도 재밌는 걸 해야지. 그 순간 전자상가에서 맛없는 순댓국을 먹였는데도 나와 계속 있고 싶다는 그의 단순한 마음이 내 마음에 직선으로 들어와 꽂혔다.

6. 헨리는 홍콩 사람답게 하루 네 끼 면식을 했다. 같이 홍콩이나 대만을 여행하면 아침으로 닭 국수, 점심으로 어묵 국수, 간식으로 땅콩 국수, 저녁으로 볶음 국수를 먹었다. 면을 한 달에 두세 번 먹을까 말까 했던 나와는 상극이었다. 면과 육수는 그가 먹고 고명이나 짭짤한 반찬은 내가 먹는 식으로 맞춰가긴 했지만 물과 면이 몸속에서 불어 있는 채로 다녀야 했다. 우리가 타협할 수 있었던 최고의 메뉴는 바로 닭 한 마리였다. 육

수에 조각낸 닭과 감자, 파, 떡 같은 걸 넣고 끓여 먹는 닭 한 마리에서 나는 닭고기와 야채 꺼내 먹는 것이 좋았고, 헨리는 칼국수나 수제비를 넣어 후루룩 먹는 걸 좋아했다.

7. 헨리가 내게 가르친 유일한 광둥어는 '고맙습니다'(음 고이)와 '정말 고맙습니다'(도 제)다.

8. 헨리와 내가 한 장거리 연애는 난이도가 높았다. 홍콩과 뉴욕은 낮과 밤이 정확히 반대다. 내가 아침을 먹으면 헨리는 저녁을 먹고, 헨리가 점심을 먹으면 나는 잠이 들었다. 감정 기복 리듬이 포개지는 일이 드물었다. 그가 힘든 일이 있다며 술을 잔뜩 마시고 전화하면 나는 대낮의 회사 복도에서 건조한 위로밖에 건넬 수가 없었다. 내가 잠들기 전 낭만적인 생각에 우리끼리의 비밀을 적어서 보내면 헨리는 잠깐은 장단을 맞춰주다가 금방 학식을 먹으러 갔다.

9. 헨리와 내가 그런 상태로 1년 넘게 연애를 지속한 것은 신기한 일이다. 어쩌면 동력은 일찍이 다했지만 시차가 맞지 않다 보니 하나 둘 셋 '헤어지자' 하고 뜻을 맞추기가 어려웠기 때문인지도 모르겠다. 한 사람이 밤이고 한 사람이 낮이면 서로의 얘기를 액면 그대로 받아들이기 어려울 때가 많다.

"아냐, 너 밤이라 지금 기분이 싱숭생숭할 때야."

"아냐, 너 지금 일이 바빠서 우리 얘길 할 때가 아니야."

실제로 밤에는 중요한 결정을 내려선 안 된다(나는 직장에서 창작자 컨설팅을 할 때에도 밤늦게 중요한 결정을 내리지 말라고 조언하곤 한다). 결국 우리가 헤어지던 날 헨리는 적당한 밤술로 용기를 내 내게 그 말을 꺼냈지만, 나는 잠깐 울다가 모자를 눌러쓰고 나와 아침 식사로 베이글을 사 먹어야 했다.

10. 헨리는 내가 최초로 진지하게 만났던 애인이었고, 지금은 형제나 다름없는 친구다.

11. 헨리는 내가 애인이었을 때 부르던 이름과 지금 이름이 다르다. 홍콩 사람들은 흔히 영어식 이름과 광둥어식 이름이 둘 다 있는데, 헨리가 요즘엔 광둥어식 이름을 쓴다. 헨리는 나에게 엄마, 동생 같은 보통명사처럼 되어서 다른 이름으로 부르는 것이 한동안 옳지 않게 느껴졌다.

12. 헨리와 나는 헤어진 뒤에도 계속 연락하며 지냈고, 각자 나름의 어려운 일들을 겪던 시기에 힘이 되면서 오히려 친구로서 더욱 가까워졌다. 쉰 살까지 마땅한 짝이 없으면 우리끼리 같이 살자는 얘기도 했다.

13. 헨리와 나는 특히 같이 여행하면 즐거웠다. 미국과 유럽만 알던 내게 중화권 세상을 열어준 것이 헨리다. 나 혼자는 무리다. 혼자 상해에 가려고 숙소와 비행기 예약을 다 해놓았는데 여행 당일 공항에서 상해는 비자가 있어야 한다는 사실을 깨달은 적이 있다. 허무했지만 금방 머리를 굴려서 홍콩으로 갔고 헨리는 나를

언제나처럼 맞아주었다.

14. 헨리와 나는 서로에게 애틋한 마음이 있고 심적으로 의지하지만 이제 친구로 지낸 기간이 훨씬 길어서 연애 감정이 다시 생기는 건 상상할 수 없다. 그래도 서로의 연애사에 방해가 되지 않기 위해 둘이서만 여행하는 건 애인이 없을 때에만 가능하다는 규칙을 세웠다.

15. 헨리와 내가 도쿄에 간 날이었다. 골든 가이에 있는 바에서 하이볼을 마시고 담배를 태우고 있는데 폰에 뉴스 속보가 떴다. 플로리다 올란도에 있는 펄스라는 게이 클럽에서 오마르 마틴이란 자가 49명을 쏴 죽이고 사살되었다고…….

끔찍한 소식에 머리가 핑 돌았다. 갑자기 여기가 어디인지도 모르겠을 정도였다. 오직 내가 오랜 친구 헨리와 함께 있다는 것 하나만이 위안이었다. 우리는 뭔가에 홀린 듯 주변의 게이 바에 가야겠다고 생각했다. 무작정 다들 괜찮은지 확인하고 싶었다. 빗방울이 떨어지고 있었고 막차 시간은 지났지만 우리는 기어코 도겐자카 근처의 게이 바 하나를 찾아냈다. 어둡고 긴 4층 복도 끝에서 철문 꼭 닫고 운영하는 작고 조용한 업소였다. 심호흡하고 문을 열어보니, 나이 든 바텐더와 바에 앉은 손님 한 명이 동그란 눈으로 갑자기 침입한 축축한 관광객들을 쳐다보았다. 아, 스미마셍합니다……. 그러니까 다들 다이죠부한 것이지요? 그럼 됐습니다. 우리는 왠지 크게 안도하며 살금살금 건물을 빠져나왔다.

169

16. 헨리는 졸업 후 대학에서 조교로 일하면서 연구와 창작 활동을 병행하고 있다. 2018년 이후 홍콩의 대학가는 그야말로 사상적 전시 상태다. 헨리처럼 홍콩에서 나고 자란 젊은 세대의 의견들은 너무 쉽게 왜곡되기도, 무시되기도, 몰이해되기도, 과장되기도 한다. 미국 대학을 졸업하고 국제 기업의 홍콩 지사로 취직한 내 유학생 친구들의 홍콩과 헨리의 홍콩은 완전히 다른 도시 같다. 나는 헨리가 알려주는 매체들을 팔로우하고 모르는 게 생길 때마다 헨리에게 물었다. 시위가 한창일 때에는 홍콩으로 달려가 헨리가 잘 있는지 확인하고 계란말이를 해 먹이고 싶은 마음이었지만, 시위를 보겠다고 그 나라를 방문하는 외부인은 되고 싶지 않아 참고 전화만 했다.

17. 헨리는 대신 여름 퀴어 축제 때 서울에 왔다. 당시 나는 연애 후유증으로 프라이드고 뭐고 만사가 귀찮을 때였는데 헨리의 방문으로 즐거울 용기를 얻었다. 그 용기로 엄마에게 문자를 보냈고, 축제 당일 시청역 8번 출구에서 엄마와 나, 헨리가 삼자대면하기에 이르렀다.

"엄마! 헨리야."

"헨리야, 우리 엄마. 인사해. 너무 덥다 그치?"

엄마는 내가 울컥할 틈도 없이 들고 있던 손선풍기를 헨리 얼굴에 쐬어주고 물휴지를 꺼내 이마의 땀을 닦아주었다. 이런 날이 다 있네. 요즘은 엄마가 홍콩 뉴스가 심란할 때 헨리는 괜찮냐고 안부를 묻는다.

18. 헨리는 홍콩 도심에서 조금 떨어진 마을에 산다. 올 초에 연애할 때 이후로는 처음으로 홍콩을 다시 방문했다. 어차피 관광이 목적이 아니니 도시 전체가 조용한 춘절 기간을 이용했다. 가서 헨리의 자취집을 검사하고(샤워기 방향을 이렇게 하면 어떡해, 이렇게 해야지) 맛있는 생선찜을 같이 해 먹었다.

19. 헨리는 나를 오래된 절에 데려가 홍콩 풍습대로 향을 피우고 춘절 점을 보게 했다. 내가 전 애인에 대한 감정 정리가 잘 안 된다고 했더니 그에 대한 점괘가 이렇게 나왔다. '옛날에 한 영토를 두고 두 나라가 대를 이어 싸우는 동안 그 영토는 전쟁통에 황무지가 되었다.' 한 쪽이라도 포기해야 앞으로 나아갈 수 있다는 뜻이렸다. 그 말은 꽤 도움이 되었다. 헨리는 직장 일이 잘 풀리지 않는데 어떻게 할지 점을 보았다. 점괘가 어떻게 나왔냐고 물어보니, 오래된 중국 이야기에 기반한 말이어서 설명하기 너무 복잡하다고 했다.

"그래도 궁금해, 뭔데?"

"음… 좀 긴데 잘 들어봐. 옛날에 어떤 노인이 살았는데 말 한 마리를 갖고 있었어. 근데 그 말이 도망을 간 거야……."

"혹시 너 '새옹지마' 얘기 아니니?"

"응! 어떻게 알았어?"

"야, 한국 사람 새옹지마 다 알아."

20. 헨리와 나는 정체를 알 수 없는 폐렴이 중국 본토에서 홍콩으로까지 퍼지고 있다는 뉴스를 보면서 불안해할 일들이 너무 많아지고 커진다는 얘기를 했다. 우리는 속수무책이다. 나는 그래도 지금 헨리를 봐둬서 다행이라고 생각했다. 홍콩에 마스크가 동나서 한국에 돌아오자마자 마스크 두 박스를 사서 택배로 부쳤다. 헨리는 한 달 뒤 길고양이 두 마리를 입양했다. 고양이 이름은 마틸다와 토러스다.

나는 벽화가 될 뻔했다

티모시를 만나러 부시윅으로 가고 있었다. 티모시는 설치미술 음악을 하기도 하고, 디제이를 하기도 한다는 귀여운 흑인 남자였다. 나는 파티에 가더라도 자정이 넘으면 꾸벅꾸벅 졸기 때문에 아주 잘나가는 디제이는 만날 수가 없다. 다행히 티모시는 디제이 경력이 그리 많지 않아서 플레이 시간이 이른 편이었다.

티모시를 만난 건 나 역시 부시윅에 살던 시절 자주 가던 키 웨스트 슈퍼마켓에서였다. 그는 나와 장을 보는 패턴이 비슷한지, 최소 세 번은 마주쳤다. 슈퍼마켓은 할 얘기 천국이라 금방 친해졌다. 나는 이 슈퍼마켓은 부속 고기를 많이 팔아서 좋다고, 그런데 저번에는 돼지 간인 줄 알고 샀는데 알고 보니 신장이어서 삶을 때 냄새 나 죽는 줄 알았다고 떠들었다. 알고 보니 티모시는 비건이었다.

또 어떤 날은 내가 몸이 안 좋아서 중국집에서 완탕 수프를 테이크아웃해 집에 가고 있는데 그가 반대편에서 오고 있는 게 아닌가. 추레한 모습을 보여줄 수 없어 뒤돌아서 먼 길로 돌아갔다.

한번은 그가 자기 디제이 하는 파티에 친구를 데리고 오라고 초대했다. 같이 살던 룸메이트 셋을 데리고 갔다. 부시윅 파티가 원래 좀 그렇지만 나랑 잘 맞는 음악이 나올 확률은 희박하다. 역시 다른 디제이 세트들은 그저 그랬다. 집중을 해줘야 할지 외면해주길 바라는 건지 모를, 이상한 밀당하는 음악들이었다. 반면 티모시의 세트는 훨씬 들을 만했다. 그에게는 자기가 만든 멋진 걸 얼른 들려주고 싶어 하는 해맑은 열정이 있었다. 이 파티가 아니더라도 슈퍼마켓에서든 병원 로비에서든 도서관에서든 아무 데서나 꺼내놓고 들려줄 것 같았다. 우린 여러 번 눈도 마주쳤다.

그로부터 두 주 정도 지났을까. 티모시에게 연락이 왔다. 같이 술 한잔할래?

문제는 그땐 벌써 내가 일 때문에 부시윅을 떠나 머나먼 뉴브런즈윅으로 이사한 뒤였다는 점이다. 부시윅까지는 2시간이었다. 그럼에도 나는 괜히 이사 갔다는 말부터 하면 만나는 데 도움이 안 될까 봐, 군말 없이 금요일 밤으로 하자고 했다. 뉴브런즈윅에서 퇴근하고 기차를 타서 펜 스테이션으로 이동. 거기서 지하철 E호선과 L호선을 타고 약속장소인 머틀 애비뉴까지. 예전 집에서는 걸어서 15분 거리인 곳을 그렇게 갔다.

우리는 꽤 괜찮은 식당에서 꽤 괜찮은 밥을 먹고 꽤 괜찮은 바에서 꽤 괜찮은 술을 마셨지만 그게 전부였다. 대화는 원활했고 분위기는 무해했다. 집에 가려 헤어지는 지하철 승강장에서는 술기운에 뽀뽀도 했다. 하지만 아쉽게도 특별한 느낌은 들지 않았다.

나는 전에 살던 집으로 가서 룸메이트들에게 데이트 후기를 들려주었다. 너무 괜찮은 앤데 끌리질 않네.

"아쉽다, 걔 귀엽던데. 그래도 몇 번 더 만나보지?"

"한 번 만날 때마다 왕복 4시간이야."

룸메이트들은 내가 다 못 마셔서 집에 남기고 간 버번을 꺼내 따라주었다. 이런저런 얘기를 하다 보니 셋이서 반병을 다 비웠다. 자고 가라는 친구들의 제안에도 굳이 집에 가겠다 고집을 부렸다.

돌아가는 길은 온 길의 역순. L호선을 타고 E호선으로 갈아타서 펜 스테이션. 심야 막차를 30분 정도 기다려서 기차를 탔다. 기차에 앉은 순간 졸음이 쏟아졌지만 뉴브런즈윅역을 놓치면 그다음은 정말 위험한 동네로 직행하니 정신을 똑바로 차렸다.

그 결과 정말 위험한 동네에 내리고 말았다.

새벽 3시를 넘긴 시각. 역사에는 손님도 역무원도 그 누구도 없었다. 오래된 공장 지역인 역 주변엔 오가는 사람이 있을 리 없었고 차도 보이지 않아 적막했다. 핸드폰은 일찌감치 꺼져서 첫차는 언제 오는지 알 수도 없었다. 나는 혹시라도 택시 비슷한 것을 찾을 수 있을까 싶어 역 밖으로 나와 서성이다가, 그대로 역 앞 벤치에 앉아 잠이 들었다.

"헤이, 헤이."

누군가 날 흔들어 깨웠다.

턱까지 올라오는 문신을 한 덩치 큰 남자. 내게 집이 어디냐고 묻고 있었다.

"뉴브런즈윅. 잘못 내렸어요."

"이런 데서 자다니 제정신이에요? 차에 타요. 데려

다줄게요."

나는 퍼뜩 정신이 들었다.

"차예요? 차는 좀……. 근데 뭐 하시는 분이세요?"

로니는 뉴저지 중부 지역의 낙후한 동네에 벽화를 그리는 작가였다. 원래 그래피티를 하던 사람이었는데 동생이 동네 노숙자들을 위한 무료급식소를 하게 되면서 자기도 지역을 위해 할 일을 찾다 보니 커뮤니티 센터와 협업해서 위험한 동네에 가로등을 설치하고 벽화를 그리는 활동을 하게 되었다고 했다.

불안해하는 날 보며 로니는 폰을 꺼내 자기 인스타그램 계정을 보여줬다. 그의 벽화에는 활짝 웃고 있는 그의 여동생 그림도, 그가 키우는 두 마리 바셋하운드 그림도 있었고, 멕시코 죽은 자들의 날 테마에 맞춘 화려한 장식의 해골 문양도, 반짝이는 옷을 입고 무지개 깃발을 흔드는 여인도 있었다.

난 디제이 티모시와는 더 이상 연락하는 사이가 아니지만, 그날 나를 집까지 바래다준 로니의 인스타는 지금도 팔로우하고 있다. 그리고 어딜 가든지 벽화를 그리는 사람들에 대해서는 되도록이면 좋게 생각하려는 편이다.

생각한다
흰긴수염고래를
나는

우리 가족의 비공식 가훈.

'잘난 척하지 맙시다.'

자기가 잘한 것, 느낀 것에 경도되어 저녁 식사 내내 오늘 내가 이 일을 너무 잘했어, 오늘 이러이러한 걸 보고 이걸 너무 느꼈어, 하며 열변을 토하는 우리 식구들의 열정으로부터 자신을 보호하기 위해 동생이 어렸을 적 만들어둔 가훈이다.

이 가훈을 가장 필요로 하는 사람은 엄마와 나다. 엄마와 내가 주말에 전화를 하면 서로 오늘 여기 가서 이걸 먹고 이 책을 봤는데 너무 좋은 거야, 거기 간 내가 너무 잘한 거야, 응 엄마 나도 오늘 회사에서 일을 너무 열심히 한 거야, 지금 이런 상황이 있었는데 너무 괜찮게 처리한 거야, 너무 잘한 거야 이런 식으로 30분씩 이어진다. 대박이다 대박이야. 주말에 가족 전체가 모이기 전에 이렇게 통화로 자기 자랑을 끝내놓아야 동생에게 면박을 듣지 않는다.

엄마와 나의 잘난 척을 자세히 들어보면 사실 잘 '난' 척이 아니라 잘 '산' 척이라는 걸 알 수 있다. 하루하루를 잘 일구는 일이 쉽지 않은데 오늘도 잘 해냈다는 자축. 잠깐의 감정 때문에 쓸데없는 갈등을 빚거나 우울이나 무기력에 휩싸이기 너무나 쉬운데 그러지 않고 적당한 하루를 살았다는 안도감. 나이를 먹어가는데도 세상에 새로운 것들과 그것들이 주는 감흥이 줄어들지 않고 점점 커져간다는 것에 대한 신기함. 그런 것들

181

이 합쳐져서 '잘 살고 있는 사람 웅변대회' 같은 통화 내용이 만들어진다.

하지만 우리는 그만큼 통제 불가한 상황에 대한 본능적인 두려움과 경계심을 안고 산다. 마음이 복작거려서 불면이 며칠간 계속될 때. 주변 친구나 친척에게 혼자 힘으로 해결할 수 있을까 싶은 큰 위기나 슬픔이 닥쳤을 때. 우울한 뉴스가 꼬리에 꼬리를 물 때. 나 자신은 잘 살고 있는 것 같다고 생각했는데 알고 보니 완전히 잘못된 길로 가고 있었던 거 아닌가 하는 불안감. 특히 내가 나 자신의 감정을 어느 정도 통제하에 두고 있는 줄 알았는데 그렇지 못할 때의 불안감. 이런 불안감은 서로 열띠게 '잘 산 척'을 하는 동안에도 기저에 옅게 깔려 있다.

그런 불안감은 엄마가 만든 또 하나의 가훈에 드러난다.

'오바하지 맙시다.'

그 일이 그렇게 잘되고 있다니 정말 기쁘고 다행이다, 그치만 오바해서는 안 된다. 오바하면 일을 그르친다. "아니 엄마, 다 된 일을 어떻게 그르쳐?" "아니야, 그르쳐. 오바하면." 나도 그런 불안을 물려받았다. 회사에서도 스스로에게, 그리고 운영 일을 같이하는 동료들에게 항상 일희일비하지 맙시다, 10분 쉬고 옵시다, 과잉대응하지 맙시다, 즉각처리하지 맙시다, 사람 말고 일을 봅시다 같은 말을 달고 산다. 일터에서 사람은 누구나 감정을 떼어놓고 일하기를 원하고 일하는 나에게 감정은 중요하지 않은 것처럼 행동하지만, 실제로는 감정 때문에 없을 일도 생기고, 작을 일이 커지고, 될 일을 그르친다.

스스로에 대한 통제 강박을 너무 많이 갖고 살면 안 피곤하냐고들 한다. 실제로는 숨쉬듯 하는 고민이라 피곤한지도 잘 모르겠다. 어떨 때에는 강박을 내려놓고 싶다고 생각하지만, 어떨 때에는 내 인생의 운전대를 으스러지듯 꽉 붙잡지 않고 어떻게 가고 싶은 곳으로 가란 말인가 하는 생각이 든다. 인생이 마음대로 되지 않는다는 걸 모르는 사람은 없지만, 마음대로 해보려는 노력이 덧없는 건 아니니까. 군 생활 동안 이런 나를 가까이에서 지켜봤던 친한 동생은 마지막 훈련 때 둘이서 초소 경계 근무 서다가 엄중히 예언했다.

"형은 이렇게 다 통제하고 싶어 하면서 살다가 언젠가 한번 와르르 무너지는 날이 있을 거야."

고마운 동생이다 이렇게 예쁜 말도 해주고…….

그 동생의 예언은 3년 뒤 비가 많이 오던 여름날에 현실이 되었다. 마치 진흙 산사태가 나듯이 통제 불가하고, 걷잡을 수 없고, 앞뒤 가리지 못하고 그야말로 속수무책으로 사랑에 빠졌던 것이다.

그날 나는 오랫동안 은근한 관심을 갖고 있었지만 한 번도 제대로 만나볼 용기를 내지 못했던 남자와 우연한 기회에 지인들이 모인 자리에서 만나 말을 붙였다. 얼마간 대화하다가 가슴이 너무 뛰는 나머지 이상한 핑계를 대고는 맥주잔을 내려놓고 밖으로 나왔다. 주변 건물 아무 데나 들어가 빈 사무실에 무단침입해서 아무에게도 보이지 않는 구석에 쭈그려 앉아서 심호흡을 했다. 설마 그 남자 때문에 내 마음이 이렇다는 것조차 제대로 깨닫지 못했다.

내가 왜 이러지? 더위를 먹었나?

겨우 정신을 차리고 자리에 합류하니 그는 이미 떠난 상태였다. 아쉬웠지만 당연히 갔지, 납득이 되었다. 나는 그제야 긴장이 풀려서 지인들과 왁자지껄하게 저녁을 먹고 술을 마셨다. 남은 사람들은 다 편한 사람들이었고, 술이 잘 어울리는 지짐과 튀김에 매운 국물도 있었다. 얼굴이 벌게지고 머리에 기분 좋게 열이 올랐다. 평소 같으면 졸려서 어림없을 나지만 그날은 웬일로 다 같이 클럽에 가자는 제안에도 흔쾌히 응했다. 그리고 클럽에서 보드카 토닉을 세 잔 연속 들이켜고 그 클럽이 개장한 뒤로 한 번도 목격된 적 없는 해괴하고 민망한 춤을 췄다. 아무도 보고 있지 않은 것처럼…….

그날 나의 해괴한 춤을 정말로 아무도 보고 있지 않았더라면 마음 산사태는 없었을 것이다. 하지만 끔찍하게도 그 남자는 먼 발치에서 나의 그런 꼴을 보고 있었고, 우리는 그날 밤 말도 안 되는 춤을 같이 추고 나서 눈이 맞아 연애를 시작했다.

그 연애는 하는 내내 마음이 요동쳤다. 그 사람 말고는 아무것도 없다 해도 괜찮을 것 같은 느낌이었다. 한편에는 상황이 좋지 않았는데 모든 것을 헤쳐나갈 수 있을 것 같은 자신감, 다른 한편에는 그 사람의 눈빛 하나로 모든 것이 무너질 것 같은 나약함이 나를 양편에서 쥐고 흔들었다. 그전까지 내가 했던 연애가 차곡차곡 관계를 쌓아나가는 느낌이었다면, 이건 매일 제로에서 시작하는 것 같았다. 감정의 무게 중심이 너무 급하게 이동하니 모든 것이 헷갈렸고, 내가 지금까지 균형을 잘 잡으며 살아왔다는 자부심에 금이 갔다.

나와 동시에 똑같은 사랑에 빠진 줄 알았던 사람이 나보다 먼저 툭툭 털고 일어나 주변을 정리하는 것을 보는 것처럼 가슴이 미어지는 일은 없다. 달아오른 마음이 얼마든지 하나는 빨리, 하나는 천천히 식을 수 있다는 것이 너무나 부당하게 생각되었다. 각자 마음의 재질과 용적이 다르다면 어쩔 수 없는 일인데……. 초콜릿을 템퍼링할 때 큰 냄비에 중탕으로 서서히 녹여야 성공적으로 할 수 있다. 잘 템퍼링된 초콜릿은 표면이 반짝거리고, 손으로 쪼갰을 때 뭉개지지 않고 경쾌하게 유리처럼 깨진다.

그 사람 마음이 떠난 것을 알게 되었는데도, 그가 저녁에 우리 집에 올지 안 올지 연락이 오지 않는 상황인데도, 나는 그와 같이 먹을 된장찌개를 끓였다. 찌개 냄새가 여기저기 밸까, 뒤적이는 것도 살살 조심하면

185

서. 유튜브에 요리연구가 '빅마마' 이혜정 선생이 된장
찌개 레시피를 알려주고 있었다. 평소에 방송에서 찰지
게 시댁 욕을 하면서 요리하는 재밌는 연예인 정도로
생각했는데 그날따라 내 마음을 알아주는 것 같은 느낌
이 들었다.

> "된장찌개는요, 제가 알려드리는 방식대로 미리 된
> 장과 주재료를 이렇게 볶아놓으면은요, 매일 육수
> 부터 준비하지 않아도 아침에 쉽게 호로록 끓여낼
> 수 있어요. 국물 없으면 밥 못 먹는 우리 바깥양반
> 한테도 이렇게 아침에 끓여주는데 금방이에요. 밉
> 다고 굶겨 보낼 순 없잖아요?"

내가 이렇게 미련한 연애도 할 수 있는 사람이라는
걸 서른이 되어서야 알게 되다니. 자존심이 다친 들짐승
처럼 흉부를 쾅쾅 들이받고 뛰어다녔다. 아니 내 감정을
내가 분명히 잘 길들였다고 생각했는데. 이게 어떻게 된
거지. 엄마 말 안 듣고 오바했던 것인지. 군대 동생의 저
주가 드디어 내린 것인지.

감정이 요동칠 때 가장 먼저 할 수 있는 건 정처 없
이 걷기다. 시 경계를 넘어 좋아하는 카페까지 걸었다.
이곳을 좋아하는 이유는 커피나 음식의 맛과는 관계가
없다. 공장이었던 건물이어서 넓고 천장이 높으며 테이
블 사이도 널찍하고 식물도 많아서 호흡하기 좋다. 내가
좋아하는 구석 자리에 앉아서 벽에 등을 기대면 벽 색깔

이 내가 자주 입는 외투 색과 비슷해서 잠시 투명해진 것 같은 안도감이 든다. 카페의 다른 사람들은 내가 여기 있는 걸 볼 수 있지만, 내가 어떤 사람이고 내 감정이 얼마나 길들여졌는지 따위는 신경 쓰지 않는다. 혼자 있는 것보다 이런 곳이 감정을 앉혀놓고 다스리기 더 좋다.

카페에 앉아서 유튜브를 보다가 동물에 대한 이런저런 신기한 사실을 알려주는 채널을 찾았다. 흰긴수염고래에 대한 영상에 다다른다(내가 어렸을 땐 흰긴수염고래라고 배웠는데 요즘엔 대왕고래라고 한단다). 현존하는 가장 큰 동물일 뿐 아니라, 지금까지 지구상에 존재했던 모든 종을 통틀어 가장 크고 무겁다. 길이는 티라노사우르스 렉스의 두 배이고, 새끼도 아프리카 코끼리만 하다. 어른은 190톤까지 나가는 육중한 몸으로 100살까지 살고, 사는 곳은 그냥 '전 세계 모든 대양'이다. 흰긴수염고래의 대동맥은 볼링공이 통과할 정도로 굵다. 심장의 무게는 인간 심장의 640배이며 크기는 피아노만 하다. 크기가 크기이니만큼 인간 심장처럼 빨리 뛰지는 않고, 천천히 잠수할 땐 1분에 두 번만 뛰기도 한다. 흰긴수염고래는 내 마음속 산사태쯤이야 모래알처럼 작게 만들어 준다. 내게 더 큰 심장이 있다면 이런 감정의 동요 따위는 아무것도 아닌 것처럼 다스릴 수 있을까. 내가 흰긴수염고래처럼 절대적인 존재가 된다면 오바하지 않고 인생을 우아하게 살아갈 수 있을까.

채운다
아빠의 와인잔을
나는

나는 우리 가족에서 양식 조리를 맡고 있다. 외국에서 이것저것 맛있는 걸 많이 먹어보고 왔다고 주어진 역할이다. 좋은 고기가 생기면 엄마는 나보고 집에 와서 좀 구워보라고 한다. 내가 굽는 고기에 크게 특별할 건 없다. 다만 나는 엄마가 하는 걱정들, 그러니까 버터를 그렇게 많이 넣으면 안 된다는 걱정, 소금을 그렇게 많이 쳐서는 안 된다는 걱정, 표면을 그렇게 태워서는 안 된다는 걱정을 덜할 뿐이다. 어려서부터 엄마가 직장에 다니면서도 퇴근하고 얼마 안 되는 시간에 생선과 나물에 찌개까지 턱턱 해서 내놓는 솜씨를 언제나 동경해왔지만 엄마는 내가 하는 별것도 아닌 요리를 신기해한다. 내가 양파나 버섯과 함께 고기를 굽고 샐러드를 대충 무쳐서 내놓는, 요리라기보다는 그저 좋아하는 재료를 가공해 적당히 먹을 수 있는 형태로 만들 뿐인 작업에 아낌없는 칭찬을 해준다.

엄마의 칭찬이 고기 굽는 동안 옆에 와서 뭐 도와줄 거 없냐고 물어보고 미리 고기 한 점 맛보고 역시 맛있어, 역시 고기야, 하는 식이라면, 아빠의 칭찬은 말없이 와인잔을 꺼내 한 잔을 따르는 것이다. 포도주 먹을 기분이 난다는 그 표시 하나가 아빠의 칭찬 방식이다. 엄마가 열 마디 하고 내가 다섯 마디 하고 동생이 세 마디 할 때 한 마디 겨우 하는 게 아빠다. 하지만 그렇게 말없이 자기 뜻을 전달해온 경력이 길기에 무언의 표현에 상당한 명료함이 있다.

내가 커밍아웃했을 때에도 엄마는 말로 반응했다. 그게 무슨 소리냐는 말. 얼마나 힘들었냐는 말. 그래서 외국에 살겠다고 고집을 부렸냐는 말. 앞으로는 어떡하면 되냐는 말……

말이란 말은 다 하는 것이 엄마의 반응이었다. 반면 아빠의 반응은 아무 말 없이 평소 많이 마시지도 않던 술을 마시는 거였다. 명목상으로는 연말연시라 술자리가 많다는 것이 핑계였지만 취할 대로 취한 채 귀가해 나와는 한 마디 할 일 없이 방으로 직행하기 위해서였다. 아직은 그것 말고 아무것도 할 수 없었던 아빠의 방식이었을 것이다.

며칠 뒤 아빠는 주말 일정을 비웠다며 우리 어렸을 때처럼 강릉으로 겨울 여행을 가자 제안했고 우리는 말 없이 같이 떠났다. 아무것도 변한 것이 없다는 말을 대신하는 아빠의 표현임을 나는 알았다.

내가 구워 내놓는 고기를 한 점 먹은 뒤 와인잔을 약간 과할 정도로 빙글빙글 돌리는 아빠는 마시기 전부터 얼굴이 붉게 상기돼 있다. 맞은편의 엄마는 마치 지상 최대의 술꾼을 보는 것 같은 과도한 염려로 눈썹이 예각으로 접혀 있다. 아직 한 모금도 하지 않았지만 두 사람의 만담은 오늘도 이미 길이 정해져 있다.

"아주 술꾼 다 됐어. 이렇게 술을 마셔 또."

"아니 이럴 때 아니면 언제 한잔하겠습니까, 안 그 렇습니까 사모님?"

엄마가 뭐라 해도 그 딱 한 잔은 하고야 마는, 그렇지만 절대 두 잔은 또 하지 않는 아빠. 아빠가 하루에 한 잔 마시든 한 달에 한 잔 마시든 술이라면 최고 수준의 경계령을 내리는 엄마. 하지만 아빠가 한 잔 걸친 상태로 식사 후 가족 보드게임이 시작되면 승기는 대개 엄마가 가져가기 마련이기에 나름의 방식으로 평화는 다시 찾아온다. 엄마는 나더러 이케아 갈 일 있으면 와인잔 거꾸로 해서 꽂아놓는 그것 좀 사 오라 한다.

나는 그냥 알고 지낸다

데이팅 앱으로 사람을 만나다 보면 사귀는 것도 아니고, 친구도 아닌 그냥 알고 지내는 사람들이 하나둘 늘어난다. 한 도시에 살면서 얼굴과 닉네임 정도만 아는 그런 사람들하고는 속 깊은 얘기까지 가본 적도 없고 마주칠 일도 잘 없지만, 가끔은 난데없이 베란다 창문을 열고 그들에게 긍정 에너지를 쏴주고 싶은 마음이 든다.

앱에서 한 달 정도 대화하던 사람을 을지로에서 만났다. 그는 부산 출신이고 과묵했다. 성품이 좋은 사람 같다는 인상을 받았지만 재미가 없어서 연애하고 싶은 생각은 들지 않았다.

사람이 많아 기다려야 하는 쌀국수 집에 갔다. '을지로 골목에 새로 생긴 맛집'은 내가 적극적으로 피하고 싶은 종류의 공간이다. 인스타에 올리기 좋다는 이유로 말이 안 되게 불편한 의자나 잘생겼지만 귀를 열지 않는 종업원처럼 다양한 부조리를 견뎌야 하기 때문이다. 쇠해가는 골목을 마치 처음 발견한 것처럼 호들갑 떠는 철없는 무리에 속하는 것 같아서 속 시끄럽기도 하다.

여차저차해서 식사를 마치고, 가까운 카페에서 차 한 잔을 했다. 부산 남자는 내게 말했다.

"형은 오늘 저와 만나보니까 어떠셨어요?"

"오늘요? 즐거웠어요. 그런데…… 사실 연애 감정이 생길 것 같지는 않아서 그냥 알고 지내면 좋겠다고 생각하고 있어요."

그랬더니 부산 남자는 크게 당황해했다.

"아, 너무 솔직하시네요. 뭐죠? 고백하지도 않았는데 차인 것 같은 이 기분은……."

"근데 동생도 비슷한 생각이지 않아요?"

"네, 사실 그래요."

"그냥 빨리 솔직하게 말하는 게 좋은 것 같아요. 누가 누굴 차고 차이고 하는 게 이제 별로 의미가 없어요. 전기도 통하고 말도 통하는 사람을 다들 원하지만 그런 사람 하나를 만나려면 최악의 사람 10명과 그저 그런 사람 90명을 만나야 하는 확률이잖아요."

"근데 형, 그저 그런 사람이랑 만나서 밥 먹고 집에 오면 허무하지 않아요?"

나는 잠깐 생각했다.

"허무하지 않아요. 의미가 없다고 생각하지 않거든요. 나와 딱 맞는 사람이 얼마나 없는지 잘 아니까. 데이팅 앱으로 만나지 않으면 서로를 찾기 힘든 우리 같은 사람들은 그냥 지나가는 만남들을 지겨워하면 안 되는 것 같아요. 어차피 나중에 다 만나게 될 거거든요. 지인의 지인으로든, 광장에서든, 시간이 흘러 사이버 노인정 같은 공간에서든……."

과묵했던 부산 남자는 곧 말문이 트여서 다 마신 아메리카노를 사이에 두고 한 시간 넘게 속 깊은 얘기를 해주고 떠났다. 그 남자가 또 언제 밥을 먹자 하면 나는 시간이 되면 먹고 안 되면 거절하겠지. 딱히 왜 연락하는지 부담을 느끼지도 않을 것이고 거절해야 한대도 미안하지 않을 것이다. 잠깐 누군가를 만나서 밥을 먹고 차를 마시는 두세 시간 동안 서로가 조금 덜 외로워진다는 것으로 충분하다.

　왜냐하면 나는 잘 알고 있다. 너의 외로움도 내 외로움처럼 이름이 없다는 것을. 연애를 못 해서인지, 친구가 필요해서인지, 권리가 침해당해서인지, 존재가 지워져서인지. 하나로 설명할 수 없는 그런 외로움. 그런 외로움은 몰아낼 것이 아니라 우리끼리만 아는 적당한 이름을 붙여주고, 가까이에서 길들일 일이라는 것을.

충분하다
결혼식 경력이
나는

주희 결혼식 때문에 3년만에 성당에 갔다. 성당에 더 이상 다니지 않는 내게 성당은 늘 이렇게 말하는 것 같다.

'어디 한 번 얼마나 행복하게 사는지 두고 보자.'

나는 답한다.

'이러지 마, 성당. 네 안에 내 자리는 없잖아.'

지인이 결혼할 때마다 내 결혼식 경력은 화려해져 왔다. 사회자, 사진사, 통역사. 매사추세츠 호숫가 결혼식에서 발을 적셔 가며 사진을 찍은 적도, 살아 있는 씨암탉이 등장하는 전통혼례에서 기럭아범을 맡은 적도 있었다. 블랙타이 결혼식에 사회 보러 가다가 차가 너무 막혀서 광화문 광장의 시위대 인파를 연미복 차림으로 걸어서 통과하기도 했다. 결혼식장에서 맡은 역할이 있을 때 마음이 편했던 것 같다. 하지만 오늘은 사회도 축가도 없는 혼인성사다.

조금 일찍 도착한 성당. 오르간 연주자가 손을 풀고 있었다. 딱딱한 나무 의자에 앉으니 습관처럼 허리가 펴졌다. 할 일 없이 있는 게 어색해서 휴대폰을 만지작거렸다. 어제 헤어진 현성의 마지막 문자를 곱씹었다.

"너의 연애와 나의 연애가 너무 달라서 힘들어. 그만하자."

맞는 말이었다. 우리의 연애는 분명히 달랐는데, 어떻게 다른지 한쪽이 설명을 하면 할수록 한쪽은 상처를 입었다. 대화를 하면 할수록 자존심이 상하는 건 왜

였을까. 어떻게 했어야 서로의 입장을 정밀하게 조율할 수 있었을까. 기대치 설정의 문제였을까, 협상의 프레임이 문제였을까, 각자의 역할에 대한 내면화된 고정관념이 있었던 것일까. 연애의 리스크 관리와 이슈 대응은 어때야 하는가.

'혼자 유별난 척은 여전하구나', 성당이 말했다.

'네가 뭘 알아. 21세기 현대인의 퀴어 연애에 대해.'

하객들이 들어차고 미사가 시작됐다. 크게 부풀린 파마머리를 한 아주머니와 머리가 벗겨진 아저씨가 내 줄에 앉더니 부산스럽게 외투를 입었다가 벗었다가, 가방을 이쪽으로 놓았다 저쪽으로 놓았다 했다. 부부가 조금씩 내 쪽으로 자리를 넓히는 바람에 나는 복도 밖으로 튕겨나갈 지경이 되었다.

아주머니는 내가 성가책이 없는 걸 보더니 자기 걸 같이 보라고 들이밀었다. 노안이 심한지 가방에서 돋보기 안경을 꺼내 끼고 손가락으로 마디마디 짚어가며 불렀다. 아저씨가 페이지를 못 찾고 헤매고 있으면 그 책까지 제대로 펼쳐서 돌려주었다. 나도 열심히 부르지 않으면 면박을 받을 것 같은 분위기였다.

신부가 입장했다. 스테인글라스를 통해 내리쬐는 햇빛에 드레스가 오색으로 빛났다. "예쁘다, 예쁘다." 옆에서 아주머니가 연신 감탄을 했다. 그제야 주희의 결혼이 실감났다. 주희와 내가 15년 전 양양 밤바다에서 청년 선생님을 생각하며 취했던 게 엊그제 같은데…….
네가 결혼을 하는구나. 결혼으로 정했구나.

나도 결혼이나 할까? 가까운 사람이 결혼할 때마다 (또 이혼할 때마다) 스스로에게 질문을 던져본다. 결혼이 쉬운 문제는 아니지만, 어쩌면 내 연애보다는 쉬울지 모르는 일이다. 어려서 그토록 피했던 결혼할 거냐는 질문, 요즘은 누가 좀 물어봐 줬으면 좋겠다. 하고 싶어 죽겠는 것도 아니고 할 사람도 없지만, 그래도 한 번쯤 권해 줬으면 좋겠다. 결혼하고 싶지 않더라도 결혼할 자격은 있었으면 좋겠다는 거다. 결혼식 경력은 충분하니까.

사제가 복음을 읽었다.
사랑은 오래 참고, 사랑은 온유하며, 투기하는 자가 되지 아니하며, 사랑은 자랑하지 아니하며, 교만하지 아니하며, 무례히 행치 아니하며, 자기의 유익을 구치 아니하며, 성내지 아니하며, 악한 것을 생각지 아니하며, 불의를 기뻐하지 아니하며, 진리와 함께 기뻐하고, 모든 것을 참으며, 모든 것을 믿으며, 모든 것을 바라며, 모든 것을 견디느니라.
옆을 보니 파마 아주머니와 대머리 아저씨가 손을 꼭 잡고 있었다. 그 손에 나만 모르는 어떤 비밀을 쥐고 있는 것처럼.

나는 단골 바가 없었다

단골 바가 있는 사람들이 부러울 때가 있다. 나는 단골 카페, 서점, 식당, 이발소, 초콜릿 전문점, 안경점, 인쇄소, 정육점, 빵집, 반찬 가게, 꽃집, 노래방은 있지만 단골 바는 없다.

바에 단골이 된다는 것은 일단 술 마시러 자주 간다는 뜻인데 나는 술을 그렇게 자주 마시는 편이 아니다. 그리고 단골이 된다는 것은 그 가게를 운영하는 사장님이나 종업원과 아는 사이가 된다는 뜻인데 공간을 운영하는 사람에게 손님으로서 가장 최소한의 흐릿한 인상만을 남기고 슥 사라지고 싶은 본능 때문에 어려운 일이다. 심지어 바텐더에게 술을 사면서 단골 바를 만든다는 사람도 있는데 실로 대단하다. 어쩌다 바에 혼자 가게 되더라도 바텐더가 나에게 딱 한 번 눈인사 이상의 관심을 보인다면 나는 '얼른 먹고 갈게요 죄송해요!' 하며 내빼기 십상이다.

용산에 살던 시절에 집 앞 상가 2층에 A라는 와인 바가 생겼다. 왠지 느낌이 좋은 곳이었다. 신장개업이라고 난리 치지 않고 품위 있고 귀엽게 뿅! 하고 생긴 것이 정이 갔다. 문 앞에 인스타그램 주소를 써 붙였길래 팔로우했다. 인스타에는 이삼일에 한 번씩 와인 소개글이 올라왔다. 처음 보는 와인 세 병을 같이 찍은 사진에 설명.

'맛있는 애 옆에 맛있는 애.'

이해가 잘되는 설명이었다.

문제는 A가 워낙 조용하고 친밀한 느낌의 공간이어서 단골은 고사하고 문턱을 넘는 것 자체가 어려웠다. 만일 혼자 간다면 주인장을 온전히 독대해야 할 것 같아 부담이었다. 그렇다고 친구랑 가자니 시끄럽게 떠들 수도 없는 곳이고(내가 같이 와인 마시기 좋아하는 친구들은 하나같이 시끄럽다). 애인과 가자니 우리끼리 하는 얘기를 너무 코앞에서 다 들려주게 될 것 같아 마음에 걸렸다. (당시에 애인도 없었고) 새로 잘해보려고 하는 사람을 데려가자니 한국에서는 '와인 먹으러 갈래요'가 마치 '엄청난 무드라는 것을 잡아보려는데요' 하는 제스처로 오인받곤 해서 꺼려졌다.

결국 인스타그램으로 A 주인장이 올리는 와인마다 좋아요만 누르다가 6개월 뒤 이사 나왔다.

단골 바가 생기려면 넘어야 하는 작은 산들은 하나도 넘기 싫지만 내게도 단골 바 하나 있었으면 하는 마음에, 차선으로 지인의 단골 바에 따라가기로 했다. 종로3가 오래된 건물에 있는 칵테일 바 B는 알고 지낸 지이제 5년 정도 된 친구 우성과 지호의 소개로 알게 된 곳이다. 우성과 지호는 워낙 단짝으로, 한 명만 보이면 '어, 다른 한 명은 어딨어?' 한다. 그들도 그렇고 나도 그렇고 일터에서 그리 멀지 않은 곳이어서, 약속하지 않았는데 여기서 마주치는 날도 종종 있다.

B는 게이 바이기 때문에, 평소에 밖에서는 점잖거나 깐깐한 사람들도 여기서는 빗장을 풀고 좀 더 사람 좋게 푸근해지고 간혹 귀엽게 경박스런 웃음을 터뜨리는 곳이어서 편안하다. 나도 어쩌다 여기서 우성과 지호와 술 한잔할 때는 평소의 강박을 내려놓고 낯간지러운 감정 표현도 하고, 남 흉도 본다. 사장님은 모르지만 바텐더 한 분하고는 이제 인사도 한다. 우성과 지호는 여기가 게이 바 중에 칵테일 맛이 좋은 편이라고, 특히 바질 레몬첼로가 맛있는데 그 외에도 허브가 들어간 칵테일들은 다 괜찮다고 입을 모아 칭찬한다.

한번은 만난 지 얼마 안 된 남자를 여기 데려갔는데, 이른 시간이어서 텅 빈 바 한쪽 구석에 우성과 지호가 마치 아침부터 있던 것처럼 자리를 잡고 있는 것이 아닌가. 그들은 내가 어색할 때 하는 행동을 잘 알고 있었다. 나는 쭈뼛쭈뼛하며 동행한 남자에게 이곳 메뉴를 설명했다.

"아, 여기는 바질 레몬첼로가 맛있구여……. 그 외에도 허브 들어간 것들이 다 괜찮아여……."

내가 그러는 동안 우성과 지호는 마치 오디션 프로 심사위원처럼 나를 흐뭇하게 바라보았다.

한 시간쯤 지났을까, 다른 손님들이 하나둘 자리를 잡을 무렵 우성과 지호는 먼저 일어나 나가면서 우리에게 인사하고 망개떡을 한 조각씩 줬다.

"오는 길에 단골 떡집에서 샀는데 너무 맛있어."

단골 떡집에서 와서 단골 바에 저녁 8시에 들렀다가 이제 단골 포장마차로 향하는 그들. 그들이 단골 삼는 곳은 그곳이 칵테일 바인지 마을회관인지 분간할 필요가 없어서 좋다. B와 나는 단골이라고까지 할 수는 없지만 반단골쯤이라고는 부를 수 있을 것 같은 사이가 됐다.

나타샤 누나 얘기를 하자.

내 주변에서 제일 확실한 단골 바가 있는 사람은 나타샤 누나다. 나타샤 누나는 최근에 연애와 술에 대한 수다를 나와 가장 많이 떠는 장본인으로서 이 책에 본인 얘기가 나올 것임을 잘 알고 있었다. 그래서 나는 누나에게 책에 등장할 이름을 정할 권한을 주는 실수를 저질렀고 이렇게 나타샤 누나라고 쓰고 있다.

방배동에 있는 모든 바는 둘로 나눌 수 있다. 나타샤 누나의 단골 바이거나, 단골 바로 삼지 않은 이유가 있는 바. 누나가 특히 좋아하는 바 C에 나를 데리고 간 날이었다. 누나는 화장실에 갔다가 들어갈 테니, 보드카 소다에 레몬 트위스트 넣은 것을 주문해달라고 부탁했다.

"보드카 소다에 레몬 트위스트요."

"무슨 보드카로 드릴까요."

술 중에 제일 모르는 것이 보드카여서 "글쎄요⋯" 하고 있는데 문이 열리고 나타샤 누나가 입장했다. 바텐더는 누나를 보자마자, "아! 손님이신 줄 알았으면 안 여쭤봤겠죠. 케텔원으로 준비해드리겠습니다."

마음 속 박수! 단골화는 질문 생략의 과정이다.

나타샤 누나는 나와 달리 단골을 만들기 위한 필수 자질을 모두 갖추고 있다. 누나는 좋아하는 사람들을 모을 때 진심을 다하고 어색함 같은 것은 일찌감치 처단한다. 또 누나는 술을 좋아하고 즐겨 마신다(요즘 키토 식단을 하고 있는데 보드카는 마셔도 되어서 너무 다행이라고 한다). 나처럼 바텐더의 관심을 끌지 않으려고 쭈구리처럼 홀짝대다가 가는 것이 아니라 자연스럽게 이거 처음 보네요, 저건 뭐예요, 이건 맛이 없네요 등 대화를 나눈다. 이렇게 써놓고 보니까 누나가 특별한 사람이라기보다는 나는 왜 이러지 하는 생각이 든다…….

나타샤 누나 따라 최근에 제일 자주 가는 압구정 D라는 바는 술만 좋은 것이 아니라 음식도 너무 맛있어서 갈 때마다 감탄한다. 누나와 잘 아는 셰프 겸 바텐더인 주인장 형이 지난 번에는 감자를 채썰어서 명란과 함께 부쳐내고 고수를 올린 명란 뢰스티를 해주었는데 그야말로 환상적이었다.

나는 주로 네그로니 한 잔 마시고 더 마시는 일이 잘 없는 편이었다. 어느 날 나타샤 누나는 첫 잔을 다 마셔가는 나를 보고 조용히 주인장 형에게 내가 좋아할 만한 거 한 잔 더 만들어달라고 주문했다. 형이 선보인 칵테일은 불바디에. 네그로니처럼 버무스와 캄파리로 만들어 새빨갛고 맛은 달콤 짭짤 쌉쌀하면서도 진 대신 버번을 넣어 훨씬 더 중후하다. 혀끝과 입 천장 위주로 음미하는 네그로니에 위스키 특유의 턱선 따라 후끈해지는 느낌이 더해져서 기분 좋게 취했다. 누나가 아니었으면 나는 네그로니류인데 네그로니보다 맛있는 게 있다는 걸 알지 못했을 것이다. 하지만 불바디에라는 이름이 어렵기 때문에, D에 갈 때가 아니면 나는 아무래도 네그로니를 계속 시킬 것 같다. 불바디에는 왠지 내가 직접 시켜 마실 수 있는 게 아니라 D에 갔을 때 네그로니 한 잔을 기본으로 클리어한 다음에 손댈 수 있는 칵테일로 두고 싶다.

최근 D가 위치한 건물에 누나의 적이 가게를 차렸다는 소식을 들었다. 혹시라도 누나가 그 사람이 불편한 나머지 D에 가는 발걸음이 뜸해지면 안 될 일이다. 누나 덕분에 나도 겨우 단골 바가 있는 사람이 되었는데 말이다. 나라도 누나의 적을 처단해야 하나 싶다. 누나도 나의 적을 처단해줄 사람이니까(사실 누나는 내가 적이라고까지는 안 했는데도 자꾸 처단해주겠다고 해서 탈이다).

나는 어깨춤을 추고 있다

연애와 술에 대해 글을 쓰게 됐다고 하니 지호가 그랬다. "웃겨, 니가 뭘 안다고 연애와 술로 책을 쓰니?"

나도 안다. 박사들이 워낙 많아야지. 연애로 숱하게 팔자를 접었다 폈다 해본 고수들. 외롭지 않을 때까지 마시려다가 인생의 바닥을 찍고 올라온 술꾼들이 얼마나 많은가. 나는 이십대 내내 술자리와 연애 감정과 얼음땡을 하며 지냈다. 술로도 연애로도 인생이 딱히 휘청거려본 적이 없고, 때로는 그게 콤플렉스이기도 했다. 인생을 제대로 살고 있지 않은 것 같다는 콤플렉스. 새로운 술을 마셔보고 새로운 연애를 할수록 없어지는 게 아니라 오히려 강해지는 콤플렉스. 항상 더 특별한 것, 더 제대로 된 것, 더 용기를 내야 하는 것들이 내 평범한 삶의 영역 경계 바로 밖에 보였고 그건 나를 늘 조마조마하게 했다. 다들 하는 것들을 왜 하지 않느냐고, 세상 모두가 나에게 언제까지 어깨춤을 추게 할 거냐며 신경질을 부리고 있는 것 같았다.

그런 신경질 속에서 나의 속도와 나의 기준, 나의 즐거움들을 지키며 살기란 뗏목에 화로를 싣고 해협을 건너는 것처럼 위태로운 일로 느껴지기도 한다. 그래서 오로지 나다운 내가 되어야겠다는 일념으로 모든 통상적인 것들에 대한 파업을 하는 양 힘주어 살아보기도 한다. 그러다 보니 승모근이 딱딱하게 굳는 날이 오고, 그제야 주변을 돌아보니 나 말고도 그 술자리를 뜨려고 눈치 게임을 하고 있었던 다른 얼굴들이 보인다. 다들 똑같았구나. 나는 유별났지만, 나만 유별나지도 않았구나. 우리 모두가 옆사람보다는 유별났구나.